全国

出版发行单位名录

2024年版

中国书刊发行业协会　编

中国青年出版社

图书在版编目（CIP）数据

全国出版发行单位名录：2024 年版 / 中国书刊发行
业协会编 . -- 北京：中国青年出版社，2024.7
ISBN 978-7-5153-7105-4

Ⅰ. ①全…　Ⅱ. ①中…　Ⅲ. ①出版社—中国—名录
②出版发行机构—中国—名录③书店—中国—名录
Ⅳ. ① G239.2-62

中国国家版本馆 CIP 数据核字（2023）第 229011 号

书　　　名：全国出版发行单位名录：2024 年版
编　　　者：中国书刊发行业协会
责任编辑：陈静　　王怡
出版发行：中国青年出版社
社　　　址：北京市东城区东四十二条 21 号
邮　　　编：100708
网　　　址：www.cyp.com.cn
门 市 部：（010）57350370
印　　　刷：北京科信印刷有限公司
经　　　销：新华书店
开　　　本：710mm×1000mm　1/16
印　　　张：10.75
字　　　数：171 千字
版　　　次：2024 年 7 月北京第 1 版
印　　　次：2024 年 7 月北京第 1 次印刷
印　　　数：1 ～ 6,000 册
定　　　价：68.00 元

本图书如有印装质量问题，请凭购书发票与质检部联系调换。
联系电话：（010）57350337

出版说明

从 1990 年至 2008 年，中国青年出版社老发行人王久安先生，每年编辑出版《全国出版发行单位名录》，以适应当时出版社自办发行的需要。

当时出版社发行人员较多，他们和书店人员往来常常使用名片。但名片多了，不易存放和查找。王久安先生于是将出版发行单位汇编成《全国出版发行单位名录》，内容包含各社店的联系人及地址、电话等信息。该书出版后，受到出版社发行人员和书店进货人员的热烈欢迎，成为人手一册的工具书。中国青年出版社每年按社店变化情况修订出版新名录。此举为各单位准确、快捷开展业务提供了便利条件，也为读者购书提供有效渠道。随着移动通信和社交媒体的发展，业内交流有了更为便捷的渠道和方式，名录出版工作暂时搁置。

如今，在出版单位不断增多和网络信息良莠难辨的情形下，中国书刊发行业协会重新编写《全国出版发行单位名录》具有现实意义。首先，该名录包含了传统出版单位和民营书业，尽可能多地收录了除港澳台地区以外的现有出版单位，给大家提供一个全景式的交流合作的手册；其次，中国书刊发行业协会在服务行业的过程中，接触的信息相对权威，在信息过载的时代，给大家提供了一个精准有效的联系方式。

《全国出版发行单位名录 2024 年版》以地区为单元，以首字母为顺序排列各出版发行单位。希望给出版同行的交流带来帮助。如有不当之处，敬请指教。

目 录

北京市

安徽育甲优创教育科技有限公司

- 👤 联系人：邸亚辉
- 📱 电　话：15910709414
- 📍 地　址：北京市海淀区恩济西园 10 号楼东 315 室

北教童趣教育科技（北京）有限公司

- 👤 联系人：涂文涛
- 📱 电　话：13641034388
- 📍 地　址：北京市西城区北三环中路 6 号 1 号楼 5 层 516

北京阿卡狄亚文化传播有限公司

- 👤 联系人：路玉茹
- 📱 电　话：13811951335
- 📍 地　址：北京市朝阳区大郊亭中街 2 号院 1 号楼 1-8C 室

北京白马时光文化发展有限公司

- 👤 联系人：递晓飞
- 📱 电　话：18612701753
- 📍 地　址：北京市朝阳区甘露园南里 20 号核建大厦 9 层

北京百典瀚达文化发展有限公司

- 👤 联系人：董　昕
- 📱 电　话：18910086167
- 📍 地　址：北京市北京经济技术开发区地盛北街 1 号院 32 号楼 6 层 G05 室

北京邦臣文化有限公司

- 👤 联系人：孙　尚
- 📱 电　话：13466681745
- 📍 地　址：北京市朝阳区北苑路 58 号楼 3 层 301-2 房间

北京博睿思泰贸易有限公司

👤 联系人：刘　艳

📱 电　话：13581748175

📍 地　址：北京市朝阳区双桥东路司辛庄长隆文化园 B6-108

北京出版集团有限责任公司

👤 联系人：王星炜

📱 电　话：13581517517

📍 地　址：北京市西城区北三环中路 6 号

北京创美汇品图书有限公司

👤 联系人：张晓兵

📱 电　话：13911712427

📍 地　址：北京市朝阳区驼房营南路 8 号新华科技大厦 A 座 1005 室

北京大学出版社有限公司

👤 联系人：王林冲

📱 电　话：13911175908

📍 地　址：北京市东城区鼓楼外大街 52 号楼 802 室

北京大学医学出版社有限公司

👤 联系人：总编室

📱 电　话：010-82801249

📍 地　址：北京市海淀区学院路 38 号北京大学医学部科创楼 2 层、4 层

北京鼎硕文豪图书有限公司

👤 联系人：梁校其

📱 电　话：13911630894

📍 地　址：北京市丰台区长辛店杜家坎南路 12 号 8102 室

北京东方沃野文化传播有限公司

👤 联系人：赵　娜

📱 电　话：18911823416

📍 地　址：北京市朝阳区西坝河西里英特公寓 B 座 15A

北京对外经济贸易大学出版社有限责任公司

- 联系人：李卫庆
- 电　话：13811696155
- 地　址：北京市朝阳区惠新东街 10 号

北京恩歌博尔文化有限公司

- 联系人：陈国强
- 电　话：13311317196
- 地　址：北京市朝阳区王四营图书市场东区 34.35 号

北京发行集团有限责任公司

- 联系人：孙笑天
- 电　话：010-80808615
- 地　址：北京市海淀区学院南路 15 号

北京蝠池文化传媒有限公司

- 联系人：蔡海平
- 电　话：13601121024
- 地　址：北京市朝阳区左家庄 15 号院 3 号楼 106 室

北京工业大学出版社有限责任公司

- 联系人：高　飞
- 电　话：13910189033
- 地　址：北京市朝阳区平乐园 100 号

北京工艺美术出版社有限责任公司

- 联系人：戚兆中
- 电　话：010-64280948
- 地　址：北京市东城区和平里七区 16 号楼

北京广通时代图书有限公司

- 联系人：韩　轩
- 电　话：13911274115
- 地　址：北京市昌平区黄平路 19 号泰华龙旗广场 2 号楼 411 室

北京国基宏文文化发展有限公司

👤 联系人：任　静

📱 电　话：13391930110

📍 地　址：北京市通州区经济开发区星湖科技园区兰格加华 D11

北京海富芙莱经贸有限公司

👤 联系人：李博文

📱 电　话：13911522711

📍 地　址：北京市丰台区和义西里二区 36 号院

北京汉唐之道图书发行有限公司

👤 联系人：周　鹤

📱 电　话：18610556364

📍 地　址：北京市海淀区上地三街金隅嘉华大厦 F 座 607

北京翰墨怡香图书有限公司

👤 联系人：刘　畅

📱 电　话：15910695317

📍 地　址：北京市朝阳区农展馆南路 13 号瑞辰国际中心 501

北京瀚涛国际文化传播有限公司

👤 联系人：霍丫丫

📱 电　话：13661337588

📍 地　址：北京市朝阳区朝阳路 8 号朗廷大厦 B 座 1213

北京瀚文锦绣国际文化有限公司

👤 联系人：王　鑫

📱 电　话：18311129200

📍 地　址：北京市朝阳区长楹天街星座一栋 2007 室

北京航空航天大学出版社有限公司

👤 联系人：郑　方

📱 电　话：18001393387

📍 地　址：北京市海淀区学院路 37 号唯实大厦

北京红猫教育科技有限公司

- 👤 联系人：王　洁
- 📱 电　话：18813074936
- 📍 地　址：北京市昌平区立汤路 175 号新华未来城 A 座 214 室红猫教育

北京宏达一甲教育科技有限公司

- 👤 联系人：刘倩然
- 📱 电　话：18611117818
- 📍 地　址：北京市海淀区蓝靛厂东路金源时代商务中心 B 座 3F

北京华业文化有限公司

- 👤 联系人：崔晓丽
- 📱 电　话：18519866530
- 📍 地　址：北京市朝阳区林萃西里 23 号楼 4 门 102 室

北京交通大学出版社有限责任公司

- 👤 联系人：李天龙
- 📱 电　话：13501116075
- 📍 地　址：北京市海淀区高粱桥斜街 44 号

北京金盾出版社

- 👤 联系人：龙明灵
- 📱 电　话：18910565007
- 📍 地　址：北京市丰台区晓月中路 29 号

北京金企鹅文化发展有限公司

- 👤 联系人：沙晓芬
- 📱 电　话：18600621594
- 📍 地　址：北京市海淀区大钟寺 13 号院华杰大厦 A 座 4 层

北京金时财富图书有限公司

- 👤 联系人：于秀华
- 📱 电　话：13717639133
- 📍 地　址：北京市朝阳区甜水园北里 16 号楼 316 室

北京金世纪博图文化有限公司

- 👤 联系人：王　卫
- 📱 电　话：13718971507
- 📍 地　址：北京市海淀区上地信息路甲 28 号科实大厦 D 座 10 层

北京金铁图书有限责任公司

- 👤 联系人：侯天与
- 📱 电　话：18610099299
- 📍 地　址：北京市海淀区青云里满庭芳园小区 9 号楼青云当代大厦 14 层 1408

北京京城新安文化传媒有限公司

- 👤 联系人：邢燕红
- 📱 电　话：17710236433
- 📍 地　址：北京市丰台区海鹰路 5 号赛欧广场 706 室

北京京联图图书发行有限责任公司

- 👤 联系人：马　奕
- 📱 电　话：13901214015
- 📍 地　址：北京市丰台区珠江骏景北区 A 座 1910

北京九志天达文化传媒有限公司

- 👤 联系人：杨　颢
- 📱 电　话：13801063842
- 📍 地　址：北京市海淀区西四环北路 15 号 15 号楼 708 室

北京俊峰书缘文化传媒有限公司

- 👤 联系人：何老师
- 📱 电　话：13260039131
- 📍 地　址：北京市朝阳区十里堡甲 3 号

北京开明文化传媒有限公司

- 👤 联系人：张　磊
- 📱 电　话：17710480702
- 📍 地　址：北京市朝阳区高碑店华腾世纪总部公园 B 座 307 室

北京科迪通信息技术有限公司

- 👤 联系人：史立强
- 📱 电　话：18910488691
- 📍 地　址：北京市海淀区丰慧中路 7 号新材料创业大厦 9 层 909

北京科学技术出版社有限公司

- 👤 联系人：胡筱伊
- 📱 电　话：18510585857
- 📍 地　址：北京市西城区西直门南大街 16 号东楼 509

北京快读文化传媒有限公司

- 👤 联系人：胡家平
- 📱 电　话：18610598307
- 📍 地　址：北京市朝阳区望京西路 48 号金隅国际 C 座 1203 室

北京奎文阁文化传媒有限公司

- 👤 联系人：郝凤波
- 📱 电　话：13716892795
- 📍 地　址：北京市通州区几棵树西路 90 号弘翔产业园 A 座 8233

北京蓝色畅想文化有限公司

- 👤 联系人：祝雪峰
- 📱 电　话：18600500102
- 📍 地　址：北京市通州区运河园路 9 号 M5 运河一号 2-808

北京理工大学出版社有限责任公司

- 👤 联系人：曾　山
- 📱 电　话：18600758465
- 📍 地　址：北京市丰台区四合庄路 6 号旭阳大厦西楼 5 层

北京力潮时代文化传播有限公司

- 👤 联系人：桑晓丽
- 📱 电　话：13381015003
- 📍 地　址：北京市顺义区金关北二路 2 号院 1 号楼 5 层 531

北京联合出版有限责任公司

👤 联系人：康　婧

📱 电　话：13681360751

📍 地　址：北京市西城区德外大街 83 号德胜国际大厦 B 座 9 层

北京旅游教育出版社有限责任公司

👤 联系人：李会强

📱 电　话：010-65728372

📍 地　址：北京市朝阳区定福庄南里 1 号

北京伦洋图书出版有限公司

👤 联系人：康德新

📱 电　话：13501202157

📍 地　址：北京市西城区北三环中路 6 号

北京墨染九州文化传媒有限公司

👤 联系人：李　静

📱 电　话：18610755218

📍 地　址：北京市通州区江米店街 2 号院 5 号楼 29 层 2912

北京墨人图书有限公司

👤 联系人：陈志刚

📱 电　话：18610058888

📍 地　址：北京市朝阳区八里庄西里远洋天地 65 号楼 101 室

北京捧读文化传媒有限公司

👤 联系人：昶晓全

📱 电　话：13718893069

📍 地　址：北京市朝阳区建国路 88 号 SOHO 现代城 D 座 2302

北京蒲蒲兰文化发展有限公司

👤 联系人：朱晓波

📱 电　话：13911688316

📍 地　址：北京市朝阳区东三环中路 20 号乐成中心 A 座 19 层

北京启辰猫图书有限公司

- 联系人：白雪英
- 电　话：18611851780
- 地　址：北京市朝阳区朝阳路 67 号院 9 号楼 1 单元 702

北京青蓝品牌管理有限公司

- 联系人：江乐兴
- 电　话：18910780191
- 地　址：北京市通州区九棵树瑞都国际北区 2 号楼 602

北京日报出版社有限公司

- 联系人：张　可
- 电　话：13910080826
- 地　址：北京市东城区东单三条 8-16 号东方广场东配楼四层

北京如学传媒有限公司

- 联系人：陶　子
- 电　话：15210441095
- 地　址：北京市朝阳区百子湾西里 403 号金海商富大厦 B 座 1304

北京三达文化传播有限公司

- 联系人：王　永
- 电　话：13953372777
- 地　址：北京市朝阳区朝阳路住邦 2000 商务 3-2009

北京三联同源文化传播有限公司

- 联系人：黄跃如
- 电　话：18531301962
- 地　址：北京市通州区梨园镇刘老公庄（北京北泡集团有限公司）院内 8
  幢 3-03

北京善品乾坤图书有限公司

- 联系人：鹿传林
- 电　话：18600523400
- 地　址：北京市朝阳区高碑店御河大厦 B 座 208

北京尚左志远文化传播有限公司

👤 联系人：孙成浩
📱 电　话：18519537562
📍 地　址：北京市朝阳区 SOHO 现代城 B 座 1110 室

北京神奇母题文化传媒有限公司

👤 联系人：戴启彬
📱 电　话：13911332569
📍 地　址：北京市海淀区车公庄西路乙 19 号 9 层 917

北京圣比尔数码科技有限公司

👤 联系人：冯　鹏
📱 电　话：13911605368
📍 地　址：北京市海淀区连桥二街绿地中央广场

北京盛洁阳光国际文化发展有限公司

👤 联系人：孙　洁
📱 电　话：13601236603
📍 地　址：北京市昌平区创新园 28 号楼 2 单元 2603

北京师范大学出版社（集团）有限公司

👤 联系人：甘　莉
📱 电　话：13910917609
📍 地　址：北京市西城区新街口外大街 12-3

北京时代华文书局有限公司

👤 联系人：范春庆
📱 电　话：18613307390
📍 地　址：北京市东城区安定门外大街 138 号皇城国际 A 座 8 层 803 室

北京时代文轩书业有限公司

👤 联系人：李秀平
📱 电　话：13901075415
📍 地　址：北京市朝阳区望京 SOHO 塔一 C 座 1606

北京时间岛文化传播有限公司

- 联系人：牟晨炜
- 电　话：13504991981
- 地　址：北京市朝阳区双花园南里二区 11 号楼 5 层 508

北京世纪宏图文化传播有限公司

- 联系人：张荣盛
- 电　话：15810644468
- 地　址：北京市大兴区天华大街绿地启航国际 5 号院 12 号楼 310-313 室

北京世纪鸿泰文化发展有限公司

- 联系人：聂彩霞
- 电　话：13261762225
- 地　址：北京市房山区长阳天星街 1 号院 15 号楼 17 层

北京市大观音堂鑫鑫国际图书音像有限公司

- 联系人：耿　雨
- 电　话：13901365933
- 地　址：北京市朝阳区王四营乡南花园村 168 号

北京市外文音像出版社

- 联系人：郑东华
- 电　话：010-65136936
- 地　址：北京市东城区王府井大街 235 号

北京市文津书店

- 联系人：董光和
- 电　话：13701227826
- 地　址：北京市西城区文津街 7 号

北京首都经济贸易大学出版社有限责任公司

- 联系人：潘秋华
- 电　话：13521251002
- 地　址：北京市朝阳区金台里 2 号院 1 号楼 4 层东侧

北京首都师范大学出版社有限责任公司

👤 联 系 人：丁小兰

📱 电　话：13601330080

📍 地　址：北京市海淀区西三环北路 105 号首师大出版社

北京书韬图书有限公司

👤 联 系 人：孙赛赛

📱 电　话：17600222939

📍 地　址：北京市丰台区富丰路 4 号工商联大厦 B1505

北京书香文雅图书文化有限公司

👤 联 系 人：田佰根

📱 电　话：13021225666

📍 地　址：北京市朝阳区东四环中路 78 号大成国际 B1 座 7B10

北京双螺旋文化交流有限公司

👤 联 系 人：沈永勤

📱 电　话：13683640312

📍 地　址：北京市丰台区草桥东路 2 号院 1 号楼新华创新产业园 708 室

北京斯坦威图书有限责任公司

👤 联 系 人：张　云

📱 电　话：13910275579

📍 地　址：北京市朝阳区北苑东路 19 号院中国铁建广场 E 座 2608 室

北京四季中天文化有限公司

👤 联 系 人：杜小北

📱 电　话：18610112611

📍 地　址：北京市亦庄经济开发区科创十三街 1 号院 2 号楼 408

北京唐威文化发展有限公司

👤 联 系 人：马艳来

📱 电　话：13716163009

📍 地　址：北京市朝阳区华腾新天地大厦 1108 室

北京体育大学出版社有限公司

👤 联系人：史仲华

📱 电　话：13521820869

📍 地　址：北京市海淀区农大南路 1 号院 2 号楼 3 层 321

北京天河世纪文化传媒有限公司

👤 联系人：李　敏

📱 电　话：15810922298

📍 地　址：北京市朝阳区十里堡甲 3 号都会国际 A 座 28G

北京天下智慧报刊发行有限公司

👤 联系人：杨　静

📱 电　话：13401087312

📍 地　址：北京市朝阳区民族园路 2 号丰宝恒大厦 3080 室

北京同心出版社有限公司

👤 联系人：杜云峰

📱 电　话：010-65255876

📍 地　址：北京市东城区朝阳门南小街 6 号 303 室

北京童客文化有限公司

👤 联系人：张明月

📱 电　话：18310116167

📍 地　址：北京市通州区新华西街 60 号院 4 号楼 9 层 907

北京外语音像出版社有限公司

👤 联系人：周　洋

📱 电　话：010-88819818

📍 地　址：北京市海淀区西三环北路 19 号

北京文峰天下图书有限公司

👤 联系人：夏丹丹

📱 电　话：18600429065

📍 地　址：北京市丰台区南四环 128 号院 3 号 4 层 507

北京文通天下图书有限公司

- 联系人：王勇奎
- 电　话：15811067785
- 地　址：北京市海淀区北三环中路 44 号院文教园 k 座南 5 层

北京梧桐世纪教育科技有限公司

- 联系人：刘　田
- 电　话：18203717129
- 地　址：北京市海淀区苏家坨镇柳林路东 7 号 639

北京希望电子出版社

- 联系人：朱翠华
- 电　话：13641162350
- 地　址：北京市海淀区中关村大街 22 号 A 座 10 层 A1002 室

北京喜阅时代文化有限公司

- 联系人：王艳影
- 电　话：17732620753
- 地　址：北京市朝阳区观影堂大道一期王四营文化街，南花园 168 号 3 厅 60,73,74,75 号

北京小酷童文化传播有限公司

- 联系人：代晓文
- 电　话：13521423994
- 地　址：北京市朝阳区建国门外郎家园 10 号 19 幢平房 -112 号

北京小书恋文化发展有限公司

- 联系人：邱雪松
- 电　话：13521432707
- 地　址：北京市昌平区沙河镇松兰堡村西 B 座 618 室

北京欣梦享文化传媒有限公司

- 联系人：李亚丽
- 电　话：13810019615
- 地　址：北京市朝阳区东十里堡路 1 号常赢未来时大厦 301B 室

北京新东方大愚文化传播有限公司

- 👤 联系人：许莉莉
- 📱 电　话：13041073228
- 📍 地　址：北京市海淀区苏州街 16 号神州数码大厦 8 层

北京新华尤品文化传媒有限公司

- 👤 联系人：董　伟
- 📱 电　话：13601301036
- 📍 地　址：北京市海淀区阜成路 73 号 A 座五层 506 号

北京新新世纪图书有限公司

- 👤 联系人：王祥丽
- 📱 电　话：15225985382
- 📍 地　址：北京市朝阳区常通路 3 号院 1 号楼 21 层 1 单元 2502

北京鑫同天成文化发展有限公司

- 👤 联系人：熊婧骧
- 📱 电　话：16601038889
- 📍 地　址：北京市朝阳区王四营乡南花园村 168 号门脸房甲 23 号

北京行知兰台文化传播有限公司

- 👤 联系人：孟雨晨
- 📱 电　话：17713000502
- 📍 地　址：北京市昌平区南口镇虎峪村 287 号

北京燕山出版社有限公司

- 👤 联系人：杨美萍
- 📱 电　话：13501079523
- 📍 地　址：北京市西城区椿树街道琉璃厂西街 20 号庆云堂

北京阳光博客文化艺术有限公司

- 👤 联系人：刘祥丹
- 📱 电　话：18513756798
- 📍 地　址：北京市朝阳区红军营南路瑞普大厦 C 座 303

北京洋洋兔文化发展有限责任公司

👤 联系人：王　　刚

📱 电　话：15311266805

📍 地　　址：北京市朝阳区管庄科技园 10 号楼 108 室

北京怡宁玉文化传媒有限公司

👤 联系人：丁　　燕

📱 电　话：13521112189

📍 地　　址：北京市海淀区北清路 164 号 28-38 号院 1041 号

北京易诚通信息技术有限公司

👤 联系人：曲海宝

📱 电　话：13381059730

📍 地　　址：北京市朝阳区管庄路 150 号院未来域 2 号楼 1310 室

北京益华鼎泰科技发展有限公司

👤 联系人：国　　佳

📱 电　话：15810448055

📍 地　　址：北京市朝阳区霄云路 28 号国樽赢地中心 3 层 303 室

北京永载文化有限公司

👤 联系人：李　　东

📱 电　话：15841447654

📍 地　　址：北京市朝阳区安定路 39 号长新大厦 1201 室

北京邮电大学出版社有限公司

👤 联系人：刘蒙蒙

📱 电　话：15901337981

📍 地　　址：北京市海淀区西土城路 10 号

北京雨志金坤文化有限公司

👤 联系人：蔡大志

📱 电　话：18518886655

📍 地　　址：北京市朝阳区朝阳路 67 号财满街财经中心 10 号楼一单元 801

北京禹田翰风图书有限责任公司

👤 联系人：赵　莎

📱 电　话：15011393851

📍 地　址：北京市海淀区西三环北路 91 号国图文化大厦 5 层 E01

北京语言大学出版社有限公司

👤 联系人：马　屹

📱 电　话：13501183731

📍 地　址：北京市海淀区学院路 15 号

北京猿力科技有限公司

👤 联系人：张　赢

📱 电　话：15810696455

📍 地　址：北京市朝阳区望京利星行中心 b 座 4 层

北京云图盛世科技有限公司

👤 联系人：孙京亚

📱 电　话：18890385134

📍 地　址：北京市密云县西田各庄镇雁密路 99 号 601 室 -960

北京云章科技有限公司

👤 联系人：王　众

📱 电　话：13601051627

📍 地　址：北京市海淀区苏州街 18 号长远天地 A1 座 601/B2 座 1110

北京章鱼上古文化科技有限公司

👤 联系人：丁敬新

📱 电　话：13366915005

📍 地　址：北京市通州区胡家垡甲 8 号院 10 号楼 5 层 505

北京振宇锐智国际文化有限公司

👤 联系人：刘保平

📱 电　话：13911646559

📍 地　址：北京市昌平区天通苑北街道天通中苑二区 43 号楼 A 单元 701

北京中工时代文化传播有限公司

- 联系人：孙博文
- 电　话：18618111293
- 地　址：北京市丰台区郭公庄中街 20 号院 3 号楼 1208 室

北京中世科文图书有限公司

- 联系人：张　轶
- 电　话：18901390023
- 地　址：北京市西城区月坛西街乙 2 号院 5 号楼附楼

北京竹石文化传播有限公司

- 联系人：郭　松
- 电　话：13601033901
- 地　址：北京市通州区新华北路保利大都汇 A 座 913 室

北京紫云文心图书有限公司

- 联系人：刘　芳
- 电　话：18910193009
- 地　址：北京市海淀区马甸南路 2 号院驻京办 10 号楼 636

兵器工业出版社有限责任公司

- 联系人：杨　震
- 电　话：010-68962544
- 地　址：北京市海淀区车道沟 10 号

博峰文化（北京）有限公司

- 联系人：陶永成
- 电　话：18500056778
- 地　址：北京市通州区 M5 运河一号 2 号楼 1305 室

布克时光（北京）教育科技有限公司

- 联系人：张海雪
- 电　话：13521573775
- 地　址：北京市亦庄经济技术开发区荣华南路 10 号院 3 号楼 1113 室

长城出版社

👤 联系人：宋树平

📱 电　话：010-66817982

📍 地　址：北京市西城区三里河路 40 号

长沙大鱼文化传媒有限公司

👤 联系人：胡　彬

📱 电　话：13522096936

📍 地　址：北京市丰台区榴乡路 84 号院 27 号楼 3 单元 906

长征出版社

👤 联系人：衡保文

📱 电　话：010-66720012

📍 地　址：北京市西城区阜外大街 34 号

朝华出版社有限责任公司

👤 联系人：刘明哲

📱 电　话：010-68996050

📍 地　址：北京市西城区百万庄大街 24 号 4 号楼

大风（北京）图书有限公司

👤 联系人：茹　鑫

📱 电　话：13681061736

📍 地　址：北京市海淀西三环北路 91 号国图文化大厦 5 层 E01

大有书局（北京）有限公司

👤 联系人：王福刚

📱 电　话：13717545321

📍 地　址：北京市海淀区长春桥路 6 号

当代世界出版社有限公司

👤 联系人：朱亚民

📱 电　话：13601274970

📍 地　址：北京市东城区地安门东大街 70-9

当代中国出版社有限责任公司

👤 联系人：代宝峰

📱 电　话：15910697895

📍 地　址：北京市西城区地安门西大街旌勇里八号

党建读物出版社

👤 联系人：殷　童

📱 电　话：18601212064

📍 地　址：北京市西城区西长安街 80 号东楼

地震出版社

👤 联系人：吴桂洪

📱 电　话：18610582756

📍 地　址：北京市海淀区民族学院南路 9 号

地质出版社有限公司

👤 联系人：李彦楠

📱 电　话：18311062393

📍 地　址：北京市海淀区学院路 31 号

电子工业出版社有限公司

👤 联系人：沈　彤

📱 电　话：18600062276

📍 地　址：北京市丰台区万寿路南口金家村 288 号

法律出版社有限公司

👤 联系人：安　璐

📱 电　话：13691494424

📍 地　址：北京市丰台区莲花池西里 7 号

方志出版社

👤 联系人：张　波

📱 电　话：010-85195814

📍 地　址：北京市东城区建国门内大街 5 号

高等教育出版社有限公司

- 联系人：黄元铭
- 电　话：010-58581581
- 地　址：北京市西城区德胜门外大街 4 号

高途教育科技集团有限公司

- 联系人：杨　威
- 电　话：13581885883
- 地　址：北京市海淀区西北旺东路 10 号院东区 17 号楼

故宫出版社有限公司

- 联系人：杨　峥
- 电　话：13811828909
- 地　址：北京市东城区景山前街 4 号

光明日报出版社

- 联系人：郑　兰
- 电　话：18601235732
- 地　址：北京市西城区永安路 106 号东门

广州极目未来文化科技有限公司

- 联系人：李素杰
- 电　话：15037690890
- 地　址：北京市海淀区汇苑开拓大厦

国防大学出版社

- 联系人：闫立炜
- 电　话：010-66769234
- 地　址：北京市海淀区红山口甲三号

国防工业出版社

- 联系人：王　强
- 电　话：13910582063
- 地　址：北京市海淀区紫竹院南路 23 号

国际文化出版公司

👤 联系人：杨　智

📱 电　话：010-64271187-828

📍 地　址：北京市朝阳区东土城路乙 9 号国际文化交流中心

国家开放大学出版传媒集团

👤 联系人：初晓非

📱 电　话：13910325391

📍 地　址：北京市海淀区西四环中路 45 号

国家图书馆出版社

👤 联系人：刘丽娜

📱 电　话：13651262107

📍 地　址：北京市西城区文津街 7 号院

国家行政学院出版社

👤 联系人：吴肖强

📱 电　话：18911336158

📍 地　址：北京市海淀区长春桥路 6 号，国家行政学院

国家行政学院音像出版社

👤 联系人：郝令志

📱 电　话：18513632777

📍 地　址：北京市海淀区长春桥路 6 号

国开童媒（北京）文化传播有限公司

👤 联系人：巩少华

📱 电　话：15901090636

📍 地　址：北京市朝阳区西大望路 17 号阿尔萨办公楼 208

国文润华文化传媒（北京）有限责任公司

👤 联系人：杨　智

📱 电　话：13811890711

📍 地　址：北京市朝阳区东土城路乙九号

果麦文化传媒股份有限公司

- 联系人：王　鹤
- 电　话：13466694221
- 地　址：北京市朝阳区东外 56 号 A-201 室

海潮出版社

- 联系人：周建平
- 电　话：010-66969738
- 地　址：北京市海淀区西三环中路 19 号

海豚出版社有限责任公司

- 联系人：苗溢春
- 电　话：13693393384
- 地　址：北京市海淀区车公庄西路甲 19 号国际传播大厦

海洋出版社有限公司

- 联系人：张海腾
- 电　话：13581966835
- 地　址：北京市丰台区莲宝中路马官营 3 号

河北少年儿童出版社有限责任公司

- 联系人：姜　伟
- 电　话：13811907820
- 地　址：北京市丰台区宋家庄扑满山 1 座 1601

红旗出版社

- 联系人：赵文峰
- 电　话：010-64036925
- 地　址：北京市东城区沙滩北街 2 号

华龄出版社

- 联系人：张树超
- 电　话：18519008155
- 地　址：北京市东城区安外大街甲 57 号

华文出版社

👤 联系人：方明亮

📱 电　话：010-58336260

📍 地　址：北京市西城区广安门外大街 305 号 8 区 2 号楼

华夏出版社有限公司

👤 联系人：王占刚

📱 电　话：15011562614

📍 地　址：北京市东城区香河园北里 4 号楼

华艺出版社

👤 联系人：施　恒

📱 电　话：13126758328

📍 地　址：北京市海淀区北四环东路 229 号海泰大厦 10 层

华语教学出版社有限责任公司

👤 联系人：宋培军

📱 电　话：010-68995871

📍 地　址：北京市西城区百万庄大街 24 号

华中科技大学出版社有限责任公司艺术分公司

👤 联系人：曹满升

📱 电　话：18601220886

📍 地　址：北京市朝阳区大羊坊路 89 号新华国际广场 C 座 1209 室

化学工业出版社有限公司

👤 联系人：郑永吉

📱 电　话：13501073368

📍 地　址：北京市东城区青年湖南街 13 号

机械工业出版社

👤 联系人：彭晓婷

📱 电　话：13810400393

📍 地　址：北京市西城区百万庄大街 22 号

教育科学出版社有限公司

- 联系人：杨　洋
- 电　话：18311057969
- 地　址：北京市朝阳区安慧北里安园甲 9 号

接力出版社有限公司

- 联系人：申　亮
- 电　话：13466506001
- 地　址：北京市东城区东中街 58 号美惠大厦 C 座 1203

金城出版社有限公司

- 联系人：张　清
- 电　话：13810751944
- 地　址：北京市朝阳区利泽东二路 3 号

经济管理出版社

- 联系人：林　晶
- 电　话：18601399639
- 地　址：北京市海淀区北蜂窝 8 号中雅大厦 B 座 11C

经济科学出版社

- 联系人：项利君
- 电　话：010-88191526
- 地　址：北京市海淀区阜成路甲 28 号新知大厦

经济日报出版社

- 联系人：施春法
- 电　话：010-63588445
- 地　址：北京市西城区右安门内大街 65 号

九州出版社有限公司

- 联系人：张正强
- 电　话：13911299831
- 地　址：北京市西城区阜外大街甲 35 号

玖里书香（北京）文化发展有限责任公司

- 👤 联系人：焦　静
- 📱 电　话：18813105835
- 📍 地　址：北京市丰台区果园 6 号楼 20 层 2307

军事科学出版社

- 👤 联系人：高　斌
- 📱 电　话：13621011116
- 📍 地　址：北京市海淀区青龙桥

开明出版社有限公司

- 👤 联系人：牛养民
- 📱 电　话：13911260927
- 📍 地　址：北京市海淀区西三环北路 25 号

科学技术文献出版社有限公司

- 👤 联系人：林倪端
- 📱 电　话：13810038386
- 📍 地　址：北京市海淀区复兴路 15 号

科学普及出版社

- 👤 联系人：杨虚杰
- 📱 电　话：010-62103100
- 📍 地　址：北京市海淀区中关村南大街 16 号

蓝天出版社

- 👤 联系人：彭广富
- 📱 电　话：010-66983715
- 📍 地　址：北京市海淀区复兴路 14 号

连环画出版社

- 👤 联系人：高英杰
- 📱 电　话：010-85114281
- 📍 地　址：北京市东城区北总布胡同 32 号

六人行（天津）文化传媒有限公司

- 👤 联系人：吕红生
- 📱 电　话：13910530109
- 📍 地　址：北京市朝阳区东十里堡 1 号楼未来时大厦 1909-05

煤炭工业出版社

- 👤 联系人：刘新建
- 📱 电　话：010-84028708
- 📍 地　址：北京市东城区东四六条 69 号

民主与建设出版社有限责任公司

- 👤 联系人：陆　斌
- 📱 电　话：13701091239
- 📍 地　址：北京市朝阳区朝外大街吉祥里 208 号

民族出版社

- 👤 联系人：王　亮
- 📱 电　话：010-58130013
- 📍 地　址：北京市东城区和平里北街 14 号

气象出版社有限公司

- 👤 联系人：王小甫
- 📱 电　话：13901285249
- 📍 地　址：北京市海淀区中关村南大街 46 号

企业管理出版社有限公司

- 👤 联系人：陈　戈
- 📱 电　话：13552271918
- 📍 地　址：北京市海淀区紫竹院南路 17 号企业管理出版社

清华大学出版社有限公司

- 👤 联系人：陈国妍
- 📱 电　话：18600696641
- 📍 地　址：北京市海淀区清华大学学研大厦 A 座 6 层

群言出版社

- 联系人：杨　舰
- 电　话：010-65220236
- 地　址：北京市东城区东厂胡同北巷 1 号

群众出版社

- 联系人：党亚娟
- 电　话：13911859389
- 地　址：北京市西城区木樨地南里甲 1 号

人民出版社

- 联系人：房宪鹏
- 电　话：13901397135
- 地　址：北京市东城区隆福寺街 99 号金隆基大厦

人民东方出版传媒有限公司

- 联系人：孙天兰
- 电　话：13311218890
- 地　址：北京市东城区朝内大街 166 号

人民法院出版社有限公司

- 联系人：宋国栋
- 电　话：13811133675
- 地　址：北京市东城区东交民巷 27 号人民法院出版社

人民交通出版社股份有限公司

- 联系人：钱素红
- 电　话：13683300051
- 地　址：北京市朝阳区小营北路 17 号

人民教育出版社

- 联系人：徐　瑛
- 电　话：010-58759829
- 地　址：北京市海淀区中关村南大街 17 号院 1 号楼

人民军医出版社

- 👤 联系人：胡仲清
- 📱 电　话：010-66882585
- 📍 地　址：北京市海淀区复兴路 22 号 75 号楼

人民日报出版社有限责任公司

- 👤 联系人：宋　强
- 📱 电　话：13811202130
- 📍 地　址：北京市朝阳区金台西路 2 号

人民卫生出版社有限公司

- 👤 联系人：陶　韬
- 📱 电　话：13810176452
- 📍 地　址：北京市朝阳区潘家园南里 19 号

人民文学出版社有限公司

- 👤 联系人：李春凯
- 📱 电　话：010-65221920
- 📍 地　址：北京市东城区朝阳门内大街 166 号

人民武警出版社

- 👤 联系人：王宝玲
- 📱 电　话：010-68795354
- 📍 地　址：北京市海淀区西三环北路 1 号

人民音乐出版社有限公司

- 👤 联系人：赵援平
- 📱 电　话：010-58110625
- 📍 地　址：北京市东城区朝阳门内大街甲 55 号

人民邮电出版社有限公司

- 👤 联系人：黄玉琛
- 📱 电　话：15620954603
- 📍 地　址：北京市丰台区成寿寺路 11 号

融通传媒—星球地图出版社

👤 联系人：袁汝贺

📱 电　话：15901194471

📍 地　址：北京市海淀区北三环中路 69 号

三联生活传媒有限公司

👤 联系人：刘琳瑶

📱 电　话：18210899877

📍 地　址：北京市朝阳区霞光里 9 号中电发展大厦 B 座

商务印书馆

👤 联系人：何光宇

📱 电　话：010-65258899

📍 地　址：北京市东城区王府井大街 36 号

社会科学文献出版社

👤 联系人：柳　杨

📱 电　话：18600121982

📍 地　址：北京市西城区北三环中路甲 29 号院华龙大厦 1316

石油工业出版社有限公司

👤 联系人：张　雷

📱 电　话：15810195670

📍 地　址：北京市朝阳区安华里二区一号

时事出版社有限公司

👤 联系人：刘　争

📱 电　话：13439140906

📍 地　址：北京市海淀区彰化路 138 号西荣阁写字楼 B 座 G2

世界知识出版社

👤 联系人：陈军锋

📱 电　话：13439683977

📍 地　址：北京市东城区干面胡同 51 号

台海出版社有限公司

- 👤 联系人：邱忠良
- 📱 电　话：13501030340
- 📍 地　址：北京市东城区景山东街 20 号

天津华文天下图书有限公司

- 👤 联系人：王若冰
- 📱 电　话：13910139807
- 📍 地　址：北京市朝阳区安立路 80 号马哥孛罗大厦 15A02

天津书田图书有限公司

- 👤 联系人：贾　妮
- 📱 电　话：13693598241
- 📍 地　址：北京市朝阳区来广营塞纳维拉西区 6 号楼 2 层书田文化

天津向美文化传播有限公司

- 👤 联系人：张　月
- 📱 电　话：13520633208
- 📍 地　址：北京市朝阳区北苑路北领地 OFFICE-A 座 -905 室

天津星文文化传播有限公司

- 👤 联系人：马玉敏
- 📱 电　话：18210946588
- 📍 地　址：北京市朝阳区东四环中路远洋国际 C 座 1001 室

天天出版社有限责任公司

- 👤 联系人：艾立德
- 📱 电　话：13401062589
- 📍 地　址：北京市东城区东中街 42 号

童趣出版有限公司

- 👤 联系人：马　昱
- 📱 电　话：15810620398
- 📍 地　址：北京市丰台区成寿寺路 11 号邮电出版大厦

团结出版社有限公司

- 联系人：刘 晶
- 电 话：18610286911
- 地 址：北京市东城区东皇城根南街 84 号

外文出版社有限责任公司

- 联系人：王京强
- 电 话：010-68996189
- 地 址：北京市西城区百万庄大街 24 号

外语教学与研究出版社有限责任公司

- 联系人：王建择
- 电 话：13911789943
- 地 址：北京市海淀区西三环北路 19 号

网易有道信息技术（北京）有限公司

- 联系人：张利军
- 电 话：13683306646
- 地 址：北京市海淀区西北旺东路 10 号院中关村软件园西区 7 号楼 A 座

文化发展出版社有限公司

- 联系人：石文芳
- 电 话：18611214321
- 地 址：北京市海淀区翠微路 2 号中印研究院 A 座 301 室

文化艺术出版社有限公司

- 联系人：田守强
- 电 话：13681137672
- 地 址：北京市东城区东四八条 52 号

文物出版社有限公司

- 联系人：高 群
- 电 话：13911680414
- 地 址：北京市东城区东直门内北小街 2 号楼

五洲传播出版社

- 👤 联系人：刘　阳
- 📱 电　话：010-82007837
- 📍 地　址：北京市东城区朝内大街 225 号 8 层

西藏悦读纪文化传媒有限公司

- 👤 联系人：张　荐
- 📱 电　话：18613853563
- 📍 地　址：北京市朝阳区高碑店乡高井文化园路 8 号东亿国际传媒产业园区
　　二期 C14 号楼 6 层

西苑出版社

- 👤 联系人：刘彦更
- 📱 电　话：010-88636419
- 📍 地　址：北京市海淀区阜石路 15 号

现代出版社有限公司

- 👤 联系人：汪正球
- 📱 电　话：010-64240483
- 📍 地　址：北京市朝阳区安定门外安华里 504 号 C 座 4 层

现代教育出版社有限公司

- 👤 联系人：张晓春
- 📱 电　话：010-64256130
- 📍 地　址：北京市朝阳区安定门外大街安华里 504 号 E 座

线装书局

- 👤 联系人：张　攀
- 📱 电　话：15101585604
- 📍 地　址：北京市丰台区芳城园一区

小博集（天津）文化传媒有限公司

- 👤 联系人：鞠春月
- 📱 电　话：13910740251
- 📍 地　址：北京市朝阳区望京融科中心 B 座 8 层

新华出版社有限责任公司

👤 联系人：王　婷
📱 电　话：13810155324
📍 地　址：北京市石景山京原路 8 号

新世界出版社有限责任公司

👤 联系人：蒋　祥
📱 电　话：010-68994118
📍 地　址：北京市西城区百万庄大街 24 号

新星出版社有限责任公司

👤 联系人：刘　玮
📱 电　话：010-88310808
📍 地　址：北京市西城区车公庄大街丙 3 号楼 8 层

星球地图出版社

👤 联系人：华　洁
📱 电　话：010-66722031
📍 地　址：北京市海淀区北三环中路 69 号

学习出版社有限公司

👤 联系人：吴深明
📱 电　话：17710469070
📍 地　址：北京市崇外大街 11 号新成文化大厦 B 座 5 层

学苑出版社有限公司

👤 联系人：种海涛
📱 电　话：13911903792
📍 地　址：北京市丰台区南方庄 2 号院 1 号楼

研究出版社

👤 联系人：傅旭清
📱 电　话：010-64041660
📍 地　址：北京市东城区沙滩北街 2 号

冶金工业出版社有限公司北京市东城书店

- 联系人：孟　涛
- 电　话：13661261263
- 地　址：北京市东城区嵩祝院北巷 39 号

一书一码（北京）智慧图书技术有限公司

- 联系人：陈先生
- 电　话：18610304315
- 地　址：北京市大兴区金星路 12 号院 2 号楼 10 层 1103 室

印刷工业出版社有限公司

- 联系人：明煜宇
- 电　话：010-88275709
- 地　址：北京市海淀区翠微路 2 号

应急管理出版社有限公司

- 联系人：郭浩亮
- 电　话：13811997897
- 地　址：北京市朝阳区芍药居 35 号楼

语文出版社

- 联系人：石林百
- 电　话：010-65264576
- 地　址：北京市东城区朝内南小街 51 号

云唱蓝天（北京）文化科技有限公司

- 联系人：张　磊
- 电　话：13488772206
- 地　址：北京市朝阳区东土城路 8 号林达大厦 A 座 16CED

知识产权出版社有限责任公司

- 联系人：刘　超
- 电　话：13811451429
- 地　址：北京市海淀区气象路 50 号

中孚瑞（北京）文化发展有限责任公司

👤 联系人：李　纬
📱 电　话：18611523002
📍 地　址：北京市朝阳区安华里 504 号 24 幢 1 层 101 室

中共党史出版社

👤 联系人：范近近
📱 电　话：18611164356
📍 地　址：北京市海淀区芙蓉里南街六号院 1 号楼 17 层

中共中央党校出版社

👤 联系人：杜　锴
📱 电　话：13520405173
📍 地　址：北京市海淀区长春桥路 6 号

中国标准出版社

👤 联系人：党　鑫
📱 电　话：13401085686
📍 地　址：北京市朝阳区和平西街甲 2 号中国标准出版社

中国财富出版社

👤 联系人：董　倩
📱 电　话：15801252756
📍 地　址：北京市丰台区南四环西路 188 号总部基地 5 区 20 号楼

中国财经出版传媒集团

👤 联系人：申　虎
📱 电　话：13811101281
📍 地　址：北京市海淀区阜成路甲 28 号新知大厦 1608 市场部

中国藏学出版社

👤 联系人：洪　涛
📱 电　话：13601290837
📍 地　址：北京市朝阳区北四环东路 131 号

中国长安出版社

👤 联系人：李　钧
📱 电　话：010-85099946
📍 地　址：北京市东城区北池子大街 14 号

中国城市出版社

👤 联系人：赵雅民
📱 电　话：010-63564360
📍 地　址：北京市西城区广安门南街甲 30 号

中国传媒大学出版社有限责任公司

👤 联系人：王　硕
📱 电　话：13810736442
📍 地　址：北京市朝阳区定福庄东街 1 号

中国大百科全书出版社有限公司

👤 联系人：张金龙
📱 电　话：010-88390732
📍 地　址：北京市西城区阜成门北大街 17 号

中国大地出版社

👤 联系人：张春燕
📱 电　话：010-82324332
📍 地　址：北京市海淀区学院路 31 号

中国地图出版社集团有限公司

👤 联系人：陈　静
📱 电　话：13340299534
📍 地　址：北京市西城区白纸坊西街 3 号

中国电力出版社

👤 联系人：卫亮亮
📱 电　话：18618459058
📍 地　址：北京市东城区北京站前西街 19 号

中国电影出版社有限公司

👤 联系人：李　洋
📱 电　话：13520714251
📍 地　址：北京市朝阳区北三环东路 22 号中国电影家协会

中国对外翻译出版有限公司

👤 联系人：高振耕
📱 电　话：010-68359376
📍 地　址：北京市西城区车公庄大街甲 4 号物华大厦六层

中国发展出版社

👤 联系人：吴阿楠
📱 电　话：13683644954
📍 地　址：北京市亦庄经济开发区亦城财富中心 1 号楼 8 层

中国法制出版社有限公司

👤 联系人：赵　鹏
📱 电　话：13811710038
📍 地　址：北京市西城区西便门西里甲 16 号

中国方正出版社

👤 联系人：于　滨
📱 电　话：15120014919
📍 地　址：北京市西城区广安门南街甲 2 号

中国纺织出版社有限公司

👤 联系人：黄希婵
📱 电　话：15910387832
📍 地　址：北京市朝阳区百子湾东里 A407 号楼

中国妇女出版社有限公司

👤 联系人：杜晓峥
📱 电　话：13581556525
📍 地　址：北京市东城区史家胡同甲 24 号

中国高校教材图书网

- 联系人：谢爱芳
- 电　话：13691345236
- 地　址：北京市海淀区中关村大街 31 号

中国工人出版社

- 联系人：吴　静
- 电　话：13910092991
- 地　址：北京市东城区鼓楼外大街 45 号

中国工商出版社

- 联系人：吴长清
- 电　话：010-63722678
- 地　址：北京市丰台区花乡育芳园东里 23 号

中国广播影视出版社有限公司

- 联系人：赵　宁
- 电　话：13810037218
- 地　址：北京市西城区真武庙二条 9 号 14F

中国国际广播出版社

- 联系人：袁明明
- 电　话：010-83139480-8668
- 地　址：北京市西城区西便门西里 10 号

中国国际图书贸易集团有限公司

- 联系人：孟祥杰
- 电　话：010-68433004
- 地　址：北京市海淀区车公庄西路 35 号

中国海关出版社有限公司

- 联系人：瞿　岚
- 电　话：15210970354
- 地　址：北京市朝阳区东四环南路甲 1 号

中国和平出版社有限责任公司

👤 联系人：林　云
📱 电　话：18911905287
📍 地　址：北京市海淀区花园路甲 13 号 7 号楼 10 层

中国华侨出版社

👤 联系人：唐崇杰
📱 电　话：13911864922
📍 地　址：北京市朝阳区西坝河东里 77 号楼 1 楼 4 号

中国画报出版社有限责任公司

👤 联系人：王殿鹏
📱 电　话：010-64869781
📍 地　址：北京市海淀区车公庄西路 33 号

中国环境出版集团有限公司

👤 联系人：马　晓
📱 电　话：13520986787
📍 地　址：北京市东城区广渠门内大街 16 号

中国计划出版社

👤 联系人：王　颖
📱 电　话：13910273159
📍 地　址：北京市西城区木樨地北里甲 11 号国宏大厦 C 座 309 室

中国检察出版社

👤 联系人：孙书伟
📱 电　话：18101137663
📍 地　址：北京市石景山区香山南路 109 号

中国建材工业出版社

👤 联系人：田　峻
📱 电　话：010-68001609
📍 地　址：北京市西城区车公庄大街 6 号院 3 号楼

中国建筑出版传媒有限公司

- 👤 联系人：郭希增
- 📱 电　话：13910751232
- 📍 地　址：北京市海淀区三里河路 9 号

中国建筑工业出版社

- 👤 联系人：李建云
- 📱 电　话：010-58337318
- 📍 地　址：北京市海淀区三里河路 9 号

中国教育出版传媒集团有限公司

- 👤 联系人：史庭钟
- 📱 电　话：13691419870
- 📍 地　址：北京市丰台区西营街 1 号院一区 2 号楼（通用时代中心 A 座）

中国金融出版社有限公司

- 👤 联系人：焦健刚
- 📱 电　话：18610739899
- 📍 地　址：北京市丰台区丰台北路 12 号

中国经济出版社

- 👤 联系人：谷　鸣
- 📱 电　话：010-88383029
- 📍 地　址：北京市西城区百万庄北街 3 号

中国科技出版传媒股份有限公司

- 👤 联系人：张秀波
- 📱 电　话：13910397389
- 📍 地　址：北京市东城区东皇城根北街 16 号科学出版社

中国科学技术出版社有限公司

- 👤 联系人：王　川
- 📱 电　话：18618486048
- 📍 地　址：北京市西城区白纸坊东街 2 号经济日报综合楼（北京文化创新工场）705 室

中国劳动社会保障出版社有限公司

- 👤 联系人：宋长池
- 📱 电　话：010-64962528
- 📍 地　址：北京市朝阳区惠新东街 1 号

中国林业出版社

- 👤 联系人：于晓红
- 📱 电　话：13910679037
- 📍 地　址：北京市西城区德胜门内大街刘海胡同 7 号中国林业出版社

中国旅游出版社

- 👤 联系人：徐　峥
- 📱 电　话：13901187273
- 📍 地　址：北京市朝阳区静安东里 6 号院

中国盲文出版社

- 👤 联系人：肖　黎
- 📱 电　话：13810373512
- 📍 地　址：北京市西城区太平街甲 6 号 B 座

中国美术出版总社有限公司

- 👤 联系人：吴本华
- 📱 电　话：010-65140273
- 📍 地　址：北京市朝阳区东三环南路甲 3 号院 1 号楼

中国民航出版社

- 👤 联系人：蔡博奇
- 📱 电　话：010-64299781
- 📍 地　址：北京市朝阳区光熙门北里甲 31 号

中国民主法治出版社有限公司

- 👤 联系人：陈晗雨
- 📱 电　话：010-63056707
- 📍 地　址：北京市丰台区右安门外玉林里七号

中国民族摄影艺术出版社

- 👤 联系人：周俊铭
- 📱 电　话：010-64211754
- 📍 地　址：北京市东城区和平里北街 14 号

中国民族文化出版社有限公司

- 👤 联系人：江　泉
- 📱 电　话：18810468332
- 📍 地　址：北京市东城区和平里北街 14 号

中国农业出版社

- 👤 联系人：莽九钢
- 📱 电　话：010-59194870
- 📍 地　址：北京市朝阳区麦子店街 18 号楼

中国农业大学出版社

- 👤 联系人：林孝栋
- 📱 电　话：010-62818525
- 📍 地　址：北京市海淀区圆明园西路 2 号

中国农业科学技术出版社

- 👤 联系人：张艳平
- 📱 电　话：13366713162
- 📍 地　址：北京市海淀区中关村南大街 12 号

中国青年出版总社有限公司

- 👤 联系人：杨　治
- 📱 电　话：13501239089
- 📍 地　址：北京市东城区东四十二条 21 号

中国轻工业出版社有限公司

- 👤 联系人：崔洪路
- 📱 电　话：18612491910
- 📍 地　址：北京市东城区东长安街 6 号

中国人口出版社

- 👤 联系人：叶松明
- 📱 电　话：13552677697
- 📍 地　址：北京市西城区广安门南街 80 号中加大厦

中国人民大学出版社有限公司

- 👤 联系人：王泽武
- 📱 电　话：13520487478
- 📍 地　址：北京市海淀区中关村大街 31 号

中国人民公安大学出版社

- 👤 联系人：党亚娟
- 📱 电　话：13911859389
- 📍 地　址：北京市西城区木樨地南里甲 1 号

中国人民解放军新闻传播中心出版社（中国人民解放军出版社）

- 👤 联系人：殷建忠
- 📱 电　话：18618168595
- 📍 地　址：北京市西城区地安门西大街 40 号

中国人民解放军总后勤部金盾出版社

- 👤 联系人：李玉俊
- 📱 电　话：010-66886182
- 📍 地　址：北京市海淀区太平路 5 号

中国三峡出版社

- 👤 联系人：王　弘
- 📱 电　话：010-66112758
- 📍 地　址：北京市西城区西郎下胡同 51 号

中国商务出版社有限公司

- 👤 联系人：丁海春
- 📱 电　话：15901390257
- 📍 地　址：北京市安定门外大街东后巷 28 号

中国商业出版社有限公司

👤 联系人：王　红
📱 电　话：13701355017
📍 地　址：北京市西城区报国寺一号

中国少年儿童新闻出版总社有限公司

👤 联系人：刘璐璐
📱 电　话：18210660681
📍 地　址：北京市朝阳区建国门外大街丙 12 号

中国社会出版社有限公司

👤 联系人：卫　飞
📱 电　话：18611888820
📍 地　址：北京市西城区二龙路甲 33 号新龙大厦

中国社会科学出版社

👤 联系人：王　斌
📱 电　话：13911262210
📍 地　址：北京市西城区鼓楼西大街甲 158 号

中国摄影出版传媒有限责任公司

👤 联系人：黄　磊
📱 电　话：13331101112
📍 地　址：北京市东城区东四十二条 48 号

中国石化出版社有限公司

👤 联系人：李　丰
📱 电　话：18500833777
📍 地　址：北京市东城区安定门外大街 58 号

中国时代经济出版社有限公司

👤 联系人：张国禄
📱 电　话：010-68320731
📍 地　址：北京市丰台区玉林里 25 号楼

中国市场出版社

👤 联系人：刘大健

📱 电　话：010-68050425

📍 地　址：北京市西城区月坛北小街 2 号院 3 号楼

中国书店出版社

👤 联系人：刘　鸿

📱 电　话：13641233100

📍 地　址：北京市西城区南新华街 177 号

中国书籍出版社有限公司

👤 联系人：孟怡平

📱 电　话：15699910320

📍 地　址：北京市丰台区三路居 97 号

中国水利水电出版传媒集团有限公司

👤 联系人：吴　朔

📱 电　话：13701297523

📍 地　址：北京市海淀区玉渊潭南路 1 号 D 座

中国税务出版社有限公司

👤 联系人：徐明义

📱 电　话：13120408664

📍 地　址：北京市丰台区广安路 9 号国投财富广场 1 号楼 11 层

中国体育报业总社有限公司（人民体育出版社）

👤 联系人：张卫东

📱 电　话：13801219530

📍 地　址：北京市东城区体育馆路 8 号

中国铁道出版社有限公司

👤 联系人：常　雪

📱 电　话：13520132519

📍 地　址：北京市西城区右安门西街 8 号

中国统计出版社有限公司

- 👤 联系人：王　晶
- 📱 电　话：13910847825
- 📍 地　址：北京市丰台区西三环南路甲六号

中国外文局

- 👤 联系人：佟　萌
- 📱 电　话：18511176663
- 📍 地　址：北京市西城区百万庄大街 24 号

中国外文局朝华出版社

- 👤 联系人：窦海强
- 📱 电　话：18911164452
- 📍 地　址：北京市西城区百万庄大街 24 号院

中国文联出版社

- 👤 联系人：张子楠
- 📱 电　话：13811766913
- 📍 地　址：北京市朝阳区农展馆南里 10 号

中国文史出版社有限公司

- 👤 联系人：仝允涛
- 📱 电　话：13522719061
- 📍 地　址：北京市海淀区西八里庄 69 号

中国物资出版社

- 👤 联系人：齐惠民
- 📱 电　话：010-52227568
- 📍 地　址：北京市丰台区南四环西路 188 号五区 20 号楼

中国戏剧出版社有限公司

- 👤 联系人：王松林
- 📱 电　话：13717983000
- 📍 地　址：北京市西城区天宁寺前街 2 号国家音乐产业基地中唱园区 L 座

中国协和医科大学出版社有限公司

👤 联系人：张　飞
📱 电　话：15901061599
📍 地　址：北京市东城区东单三条九号

中国言实出版社有限公司

👤 联系人：陈春科
📱 电　话：13911142561
📍 地　址：北京市海淀区花园路六号

中国医药科技出版社

👤 联系人：蔡　红
📱 电　话：010-62255239
📍 地　址：北京市海淀区文慧园北路甲 2 号

中国印刷科学技术研究院有限公司

👤 联系人：郭春涛
📱 电　话：15810161925
📍 地　址：北京市海淀区翠微路 2 号

中国友谊出版公司

👤 联系人：辛延合
📱 电　话：010-84517339
📍 地　址：北京市朝阳区西坝河南里 17 号楼

中国宇航出版有限责任公司

👤 联系人：殷立超
📱 电　话：13581909290
📍 地　址：北京市海淀区阜成路 14 号

中国原子能出版传媒有限公司

👤 联系人：陈　喆
📱 电　话：13581697922
📍 地　址：北京市海淀区阜成路 43 号

中国政法大学出版社有限责任公司

- 联系人：姚亚辉
- 电　话：15313165250
- 地　址：北京市海淀区西土城路 25 号

中国质检出版社

- 联系人：王世平
- 电　话：010-51780225
- 地　址：北京市朝阳区和平里西街甲 2 号

中国致公出版社

- 联系人：任　斌
- 电　话：010-66168543
- 地　址：北京市西城区德胜门东滨河路 11 号西门

中国中医药出版社

- 联系人：徐国强
- 电　话：13601299159
- 地　址：北京市朝阳区北三环东路 28 号易亨大厦 16 层

中航出版传媒有限责任公司

- 联系人：塔怀欣
- 电　话：13381056691
- 地　址：北京市朝阳区京顺路 5 号曙光大厦 C 座 4 层

中华工商联合出版社有限责任公司

- 联系人：姜　越
- 电　话：13501013080
- 地　址：北京市西城区高梁桥路 6 号 5 号楼 19、20 层

中华书局有限公司

- 联系人：胡大庆
- 电　话：010-63459967
- 地　址：北京市丰台区太平桥西里 38 号

中华医学电子音像出版社有限责任公司

- 联系人：刘　爽
- 电　话：13717596224
- 地　址：北京市西城区东河沿街 69 号正弘大厦

中联华文（北京）图书有限公司

- 联系人：王佳琪
- 电　话：13552644146
- 地　址：北京市昌平区中关村生命科学园东路北清创意园 4-2-102

中信出版集团

- 联系人：赵　雷
- 电　话：18610805558
- 地　址：北京市朝阳区东三环北路 27 号嘉铭中心

中央编译出版社

- 联系人：刘向华
- 电　话：13161189228
- 地　址：北京市海淀区北四环西路 69 号

中央广播电视大学出版社有限公司

- 联系人：韩新生
- 电　话：010-58840200
- 地　址：北京市海淀区西四环中路 45 号

中央民族大学出版社有限责任公司

- 联系人：刘贞辰
- 电　话：13521186000
- 地　址：北京市海淀区中关村南大街 27 号

中央文献出版社

- 联系人：张　伟
- 电　话：13001206839
- 地　址：北京市海淀区北四环西路 69 号

中央音乐学院出版社有限责任公司

- 联系人：杨飞乐
- 电　话：13911826575
- 地　址：北京市西城区鲍家街 43 号筒一楼 304

中医古籍出版社有限公司

- 联系人：高　晟
- 电　话：13522882355
- 地　址：北京市东城区东直门内南小街 16 号

中译出版社有限公司

- 联系人：李　泉
- 电　话：13910931917
- 地　址：北京市西城区车公庄大街甲 4 号物华大厦六层

紫禁城出版社

- 联系人：钱传强
- 电　话：010-85007816
- 地　址：北京市东城区景山前街 4 号故宫内

宗教文化出版社有限公司

- 联系人：李　松
- 电　话：010-64095207
- 地　址：北京市西城区后海北沿 44 号

作家出版社有限公司

- 联系人：席　芳
- 电　话：13910179838
- 地　址：北京市朝阳区农展馆南里 10 号

天津市

百花文艺出版社（天津）有限公司

- 联系人：陈雨辰
- 电　话：13920559904
- 地　址：天津市和平区西康路 35 号康岳大厦 7-8 层

南开大学出版社有限公司

- 联系人：王政洋
- 电　话：18920766332
- 地　址：天津市南开区卫津路南大院内

天津北洋音像出版社有限公司

- 联系人：尚　萌
- 电　话：022-23678809
- 地　址：天津市南开区红旗南路长实道 19 号

天津出版传媒集团有限公司

- 联系人：陈思诺
- 电　话：18622559357
- 地　址：天津市河西区尖山路 82 号

天津大学出版社有限责任公司

- 联系人：陈　颖
- 电　话：13821577186
- 地　址：天津市南开区卫津路 92 号天大校内

天津电子出版社有限公司

- 联系人：尚　萌
- 电　话：022-23678808
- 地　址：天津市南开区红旗南路长实道 19 号

天津古籍出版社有限公司

👤 联系人：穆怀文

📱 电　话：13920351905

📍 地　址：天津市和平区西康路 35 号康岳大厦 16 层

天津教育出版社有限公司

👤 联系人：陈振东

📱 电　话：13803022717

📍 地　址：天津市和平区西康路 35 号康岳大厦 14-15 层

天津科技翻译出版有限公司

👤 联系人：秦　晶

📱 电　话：13820790879

📍 地　址：天津市南开区白堤路 244 号 6 楼

天津科学技术出版社有限公司

👤 联系人：何　梦

📱 电　话：18222227736

📍 地　址：天津市和平区西康路 35 号十层、十一层

天津人民出版社有限公司

👤 联系人：乔　悦

📱 电　话：18920022860

📍 地　址：天津市和平区西康路 35 号 5-6 层

天津人民美术出版社有限公司

👤 联系人：谭金越

📱 电　话：18920032626

📍 地　址：天津市和平区马场道 150 号

天津社会科学院出版社有限公司

👤 联系人：杨　顿

📱 电　话：15320179245

📍 地　址：天津市南开区迎水道 7 号

天津外语电子音像出版社有限责任公司

👤 联 系 人：杨伟荣

📱 电　　话：022-23266908

📍 地　　址：天津市河西区马场道 117 号

天津杨柳青画社

👤 联 系 人：王　倩

📱 电　　话：13820945573

📍 地　　址：天津市河西区佟楼三合里 111 号

新蕾出版社（天津）有限公司

👤 联 系 人：张炳炎

📱 电　　话：13920920273

📍 地　　址：天津市和平区西康路 35 号 12-13 层

中南博集天卷文化传媒有限公司

👤 联 系 人：吴时宇

📱 电　　话：18611066683

📍 地　　址：天津市滨海新区滨海天津生态城海博道畅景公寓 2 号楼二层 210-1

河北省

北京旧雨出版科技有限公司

- 联系人：李春峰
- 电　话：18610015770
- 地　址：河北省涿州市码头镇涿仝村

北京荣景苑图书有限公司

- 联系人：李　猛
- 电　话：13231600866
- 地　址：河北省廊坊市永清县益田道 22 号

方圆电子音像出版社有限责任公司

- 联系人：步建立
- 电　话：0311-87715596
- 地　址：河北省石家庄市天苑路 1 号

河北出版传媒集团有限责任公司

- 联系人：杨培鑫
- 电　话：15200026316
- 地　址：河北省石家庄市友谊北大街 330 号

河北大学出版社有限责任公司

- 联系人：刘　飞
- 电　话：15930925007
- 地　址：河北省保定市莲池区七一东路 2666 号

河北教育出版社有限责任公司

- 联系人：鲍新运
- 电　话：0311-88643526
- 地　址：河北省石家庄市新华区联盟路 705 号

河北科学技术出版社有限责任公司

- 联系人：何　清
- 电　话：0311-87731627
- 地　址：河北省石家庄市友谊北大街 330 号

河北美术出版社有限责任公司

- 联系人：翟　言
- 电　话：0311-85915009
- 地　址：河北省石家庄市和平西新文里 8 号

河北人民出版社有限责任公司

- 联系人：雷　斌
- 电　话：0311-88641237
- 地　址：河北省石家庄市友谊北大街 330 号

河北少年儿童出版社有限责任公司

- 联系人：温　永
- 电　话：0311-83055246
- 地　址：河北省石家庄市桥西区中华南大街 172 号泰丰大厦

河北盛世彩捷印刷有限公司

- 联系人：刘红梅
- 电　话：18910821186
- 地　址：河北省衡水市故城县高新技术产业开发区金宝大道东侧

花山文艺出版社有限责任公司

- 联系人：张荣丽
- 电　话：0311-88643226
- 地　址：河北省石家庄市新华区友谊北大街 330 号

秦皇岛本本图书有限公司

- 联系人：贾轶杰
- 电　话：17331526670
- 地　址：河北省廊坊市燕郊金泉商务 9 层

三河市鑫铭盛纸制品加工有限公司

- 联系人：张福旺
- 电　话：18031616088
- 地　址：河北省三河市杨庄镇李各庄村

燕山大学出版社有限公司

- 联系人：唐　雷
- 电　话：15232327191
- 地　址：河北省秦皇岛市海港区河北大街西段438号第31栋13、14层

北岳文艺出版社有限责任公司

- 联系人：郭红兵
- 电　话：0351-5628693
- 地　址：山西省太原市小店区并州南路 199 号

三晋出版社

- 联系人：常　进
- 电　话：0351-4956088
- 地　址：山西省太原市迎泽区建设南路 21 号

山西出版传媒集团有限责任公司

- 联系人：高　俊
- 电　话：13934137766
- 地　址：山西省太原市迎泽区迎泽大街新南一条 9 号

山西春秋电子音像出版社有限责任公司

- 联系人：秦　波
- 电　话：0351-5250939
- 地　址：山西省太原市迎泽区建设南路 21 号省出版大厦

山西教育出版社有限责任公司

- 联系人：汪恒江
- 电　话：0351-4729801
- 地　址：山西省太原市迎泽区馒头巷 7 号

山西经济出版社

- 联系人：张建伟
- 电　话：0351-4956088
- 地　址：山西省太原市迎泽区建设南路 15 号

山西科学技术出版社

- 👤 联系人：郭喜顺
- 📱 电　话：0351-4956106
- 📍 地　址：山西省太原市迎泽区建设南路 15 号

山西人民出版社有限责任公司

- 👤 联系人：王梅林
- 📱 电　话：0351-4922220
- 📍 地　址：山西省太原市迎泽区建设南路 15 号

山西唐文文化发展有限公司

- 👤 联系人：刘　勇
- 📱 电　话：13835507932
- 📍 地　址：山西省长治市城北西街 191 号唐文图书大厦

太原市叁棵树文化发展有限公司

- 👤 联系人：贾威元
- 📱 电　话：13703515918
- 📍 地　址：山西省太原市双塔南路万科紫台小区 12 号楼二单元 2602 室

太原市艺之禾文化艺术传媒有限公司

- 👤 联系人：王洁宇
- 📱 电　话：18610010146
- 📍 地　址：山西省太原市小店区建设南路 699 号

希望出版社

- 👤 联系人：屈　博
- 📱 电　话：0351-4156603
- 📍 地　址：山西省太原市迎泽区建设南路 15 号

内蒙古自治区

内蒙古出版集团有限责任公司

- 👤 联系人：韩景翔
- 📱 电　话：18047123776
- 📍 地　址：内蒙古自治区呼和浩特市新城区新华东街89号教育出版大厦

内蒙古大学出版社有限责任公司

- 👤 联系人：张国柱
- 📱 电　话：13354882233
- 📍 地　址：内蒙古自治区呼和浩特市赛罕区昭乌达路凯旋广场88号

内蒙古教育出版社

- 👤 联系人：郭志超
- 📱 电　话：0471-6608182
- 📍 地　址：内蒙古自治区呼和浩特市新城区新华东街89号

内蒙古科学技术出版社

- 👤 联系人：巴图巴雅尔
- 📱 电　话：0476-8223855
- 📍 地　址：内蒙古自治区赤峰市哈达街南一段4号

内蒙古人民出版社

- 👤 联系人：乌恩其
- 📱 电　话：0471-3946298
- 📍 地　址：内蒙古自治区呼和浩特市新城区中山东路8号波士名人国际B座5层

内蒙古少年儿童出版社

- 👤 联系人：邹智盈
- 📱 电　话：0475-8219474
- 📍 地　址：内蒙古自治区通辽市科尔沁区霍林河大街(西)312号

内蒙古文化出版社

- 联系人：宝长青
- 电　话：0470-8290532
- 地　址：内蒙古自治区呼伦贝尔市海拉尔区新春街4-3号

远方出版社

- 联系人：刘向武
- 电　话：0471-2236460
- 地　址：内蒙古自治区呼和浩特市乌兰察布东路666号

北京以书为介文化发展有限公司

- 联系人：苏　丹
- 电　话：15640169255
- 地　址：辽宁省沈阳市和平区总站路 119 号 1 门

春风文艺出版社有限责任公司

- 联系人：朱洪海
- 电　话：024-23284385
- 地　址：辽宁省沈阳市和平区十一纬路 25 号

大连出版社

- 联系人：苏儒光
- 电　话：0411-83620953
- 地　址：辽宁省大连市西岗区长白街 12 号

大连理工大学出版社有限公司

- 联系人：王华圣
- 电　话：13904113539
- 地　址：辽宁省大连市高新园区软件园路 80 号理工科技园 B 座

大连睿道易博教育信息技术有限公司

- 联系人：李健文
- 电　话：15640826586
- 地　址：辽宁省大连市甘井子区黄浦路 901-11 号 G 座 212 室

东北财经大学出版社有限责任公司

- 联系人：李翠梅
- 电　话：0411-84710711
- 地　址：辽宁省大连市沙河口区黑石礁东北财经大学院内

东北大学出版社有限公司

👤 联 系 人：杨玉国

📱 电　　话：13998815731

📍 地　　址：辽宁省沈阳市和平区文化路 3 号巷 11 号

辽宁出版集团有限公司

👤 联 系 人：张国际

📱 电　　话：024-23284181

📍 地　　址：辽宁省沈阳市和平区十一纬路 25 号

辽宁大学出版社有限责任公司

👤 联 系 人：肖春艳

📱 电　　话：024-86859622

📍 地　　址：辽宁省沈阳市沈北新区道义南大街 58 号

辽宁教育出版社

👤 联 系 人：冯　蕾

📱 电　　话：024-23284512

📍 地　　址：辽宁省沈阳市和平区十一纬路 25 号

辽宁科学技术出版社有限责任公司

👤 联 系 人：李春艳

📱 电　　话：024-23284507

📍 地　　址：辽宁省沈阳市和平区十一纬路 29 号

辽宁美术出版社有限责任公司

👤 联 系 人：王子怡

📱 电　　话：13940052109

📍 地　　址：辽宁省沈阳市和平区民族北街 29 号甲

辽宁民族出版社

👤 联 系 人：成玉贤

📱 电　　话：024-23284335

📍 地　　址：辽宁省沈阳市和平区十一纬路 25 号

辽宁人民出版社

👤 **联系人**：姜　辛

📱 **电　话**：024-23284309

📍 **地　址**：辽宁省沈阳市和平区十一纬路 25 号

辽宁少年儿童出版社有限责任公司

👤 **联系人**：钟　阳

📱 **电　话**：13940028001

📍 **地　址**：辽宁省沈阳市和平区十一纬路 25 号

辽宁师范大学出版社

👤 **联系人**：齐育有

📱 **电　话**：0411-84206854

📍 **地　址**：辽宁省大连市黄河路 850 号

沈阳出版社

👤 **联系人**：刘　猛

📱 **电　话**：024-62564916

📍 **地　址**：辽宁省沈阳市沈河区南翰林路 10 号

万卷出版有限责任公司

👤 **联系人**：崔云全

📱 **电　话**：024-23284454

📍 **地　址**：辽宁省沈阳市和平区十一纬路 29 号

吉林省

北方妇女儿童出版社有限责任公司

- 联系人：徐　巍
- 电　话：13578785857
- 地　址：吉林省长春市南关区福祉大路 5788 号龙腾国际大厦 A 座 12 楼

长春出版传媒集团有限责任公司

- 联系人：马　铭
- 电　话：18584300105
- 地　址：吉林省长春市朝阳区建设街 1377 号

东北师范大学出版社

- 联系人：李国中
- 电　话：010-82893235
- 地　址：吉林省长春市南关区人民大街 5268 号

吉林出版集团股份有限公司

- 联系人：孟祥北
- 电　话：13500880992
- 地　址：吉林省长春市净月高新技术产业开发区福祉大路 5788 号

吉林出版集团青少年书刊发行有限公司

- 联系人：耿　宏
- 电　话：13704361870
- 地　址：吉林省长春市净月高新技术产业开发区福祉大路 5788 号 1601 室

吉林出版集团社科图书有限公司

- 联系人：袁一鸣
- 电　话：0431-81629686
- 地　址：吉林省长春市净月高新技术产业开发区福祉大路 5788 号

吉林出版集团图书出版事业部

- 联系人：曹　恒
- 电　话：0431-81629968
- 地　址：吉林省长春市净月高新技术产业开发区福祉大路 5788 号龙腾国际大厦 B 座 8 层

吉林出版集团外语教育有限公司

- 联系人：韩劲松
- 电　话：0431-81629917
- 地　址：吉林省长春市净月高新技术产业开发区福祉大路 5788 号

吉林出版集团译文图书经营有限公司

- 联系人：郑德民
- 电　话：13944814398
- 地　址：吉林省长春市净月高新技术产业开发区福祉大路 5788 号

吉林大学出版社

- 联系人：张显吉
- 电　话：0431-89589112
- 地　址：吉林省长春市朝阳区人民大街 4059 号

吉林教育出版社有限责任公司

- 联系人：刘一平
- 电　话：0431-86888966
- 地　址：吉林省长春市朝阳区同志街 1991 号

吉林科学技术出版社有限责任公司

- 联系人：郑　博
- 电　话：13904391919
- 地　址：吉林省长春市净月高新技术产业开发区福祉大路 5788 号龙腾国际大厦 A 座 7 层

吉林美术出版社

- 联系人：赵　皓
- 电　话：18943965622
- 地　址：吉林省长春市净月开发区福祉大路 5788 号龙腾国际大厦 A 座 9、10 层

吉林民族音像出版社

- 联系人：弼龙吉
- 电　话：0433-5085193
- 地　址：吉林省延吉市局子街 1558 号

吉林人民出版社有限责任公司

- 联系人：韩志国
- 电　话：13756677669
- 地　址：吉林省长春市人民大街 4646 号

吉林润桥文化科技有限公司

- 联系人：张　晶
- 电　话：13514308500
- 地　址：吉林省长春市经济开发区临河街与东南湖大路交汇处中海紫御华府四期 25 号楼 613 号

吉林摄影出版社有限责任公司

- 联系人：倪小东
- 电　话：15904317520
- 地　址：吉林省长春市净月高新技术产业开发区福祉大路 5788 号龙腾国际大厦 A 座 17 层

吉林省金阳图书发行有限公司

- 联系人：潘成举
- 电　话：13321583313
- 地　址：吉林省长春市宽城区北京大街 2 号西广场综合楼（幢）262 号房

吉林时代文艺出版社

👤 联系人：郑德民

📱 电　话：0431-86012721

📍 地　址：吉林省长春市绿园区泰来街 1825 号

吉林文史出版社

👤 联系人：张　强

📱 电　话：0431-81629372

📍 地　址：吉林省长春市净月开发区福祉大路 5788 号龙腾国际大厦 A 座
　　　　 5-6 层

吉林音像出版社

👤 联系人：韩　利

📱 电　话：13578868585

📍 地　址：吉林省长春市净月高新技术产业开发区福祉大路 5788 号龙腾国
　　　　 际大厦 A 座 13 层

延边大学出版社有限责任公司

👤 联系人：刘振宇

📱 电　话：13504725384

📍 地　址：吉林省延吉市公园路 977 号

延边教育出版社

👤 联系人：崔仲日

📱 电　话：0433-2913930

📍 地　址：吉林省延吉市长白山东路 98 号水晶嘉园 1 号楼

延边人民出版社

👤 联系人：发行部

📱 电　话：0433-2902113

📍 地　址：延吉市长白山东路 98 号水晶嘉园 1 号楼 5002 号

哈尔滨出版社股份有限公司

- 联系人：蒋正岩
- 电　话：18686872731
- 地　址：黑龙江省哈尔滨市香坊区泰山路 82-9 号

哈尔滨地图出版社有限公司

- 联系人：盛　强
- 电　话：18003665760
- 地　址：黑龙江省哈尔滨市南岗区学府东四道街 38 号

哈尔滨东北林业大学出版社有限公司

- 联系人：任兴华
- 电　话：13936112078
- 地　址：黑龙江省哈尔滨市香坊区哈平六道街六号

哈尔滨工程大学出版社有限公司

- 联系人：包国印
- 电　话：18646321877
- 地　址：黑龙江省哈尔滨市南岗区先锋路 310 号馨悦家园 C 栋 5 单元
  101、201 室

哈尔滨工业大学出版社有限公司

- 联系人：刘　卉
- 电　话：15304813179
- 地　址：黑龙江省哈尔滨市南岗区复华四道街 10 号

哈尔滨慧文书院文化传媒集团有限公司

👤 联系人：王　珂
📱 电　话：18644071103
📍 地　址：黑龙江省哈尔滨经开区南岗集中区长江路 209 号中浩华尔街 A
　　　　栋 6 层 8 号

黑龙江北方文艺出版社有限公司

👤 联系人：梁　伟
📱 电　话：0451-85951920
📍 地　址：黑龙江省哈尔滨市道里区经纬街 26 号

黑龙江朝鲜民族出版社

👤 联系人：刘相海
📱 电　话：0451-57364141
📍 地　址：黑龙江省哈尔滨市呼兰区警官路裕发新城 17 号楼

黑龙江出版传媒股份有限公司

👤 联系人：高志林
📱 电　话：15246808880
📍 地　址：黑龙江省哈尔滨市松北区龙川路 258 号

黑龙江大学出版社有限责任公司

👤 联系人：杨春宇
📱 电　话：15304636190
📍 地　址：黑龙江省哈尔滨市南岗区学府三道街 36 号 3 栋

黑龙江教育出版社有限公司

👤 联系人：徐梦琪
📱 电　话：0451-82533807
📍 地　址：黑龙江省哈尔滨市南岗区花园街 158 号

黑龙江科学技术出版社有限公司

👤 联系人：杨广斌
📱 电　话：0451-53642106
📍 地　址：黑龙江省哈尔滨市南岗区公安街 70-2 号新发小区 A14 栋 1 层

黑龙江美术出版社有限公司

- 👤 联系人：王纯正
- 📱 电　话：13845063066
- 📍 地　址：黑龙江省哈尔滨市道里区安定街 225 号

黑龙江人民出版社有限公司

- 👤 联系人：张　平
- 📱 电　话：0451-82302138
- 📍 地　址：黑龙江省哈尔滨市南岗区宣庆小区

黑龙江少年儿童出版社有限公司

- 👤 联系人：王小宇
- 📱 电　话：13903666643
- 📍 地　址：黑龙江省哈尔滨市南岗区宣庆小区 8 号楼

黑龙江省同源文化发展有限公司

- 👤 联系人：董振华
- 📱 电　话：18346186715
- 📍 地　址：黑龙江省哈尔滨市香坊区汉水路 110 号

黑龙江省新阶梯图书经销有限公司

- 👤 联系人：赵　临
- 📱 电　话：18345172890
- 📍 地　址：黑龙江省哈尔滨经开区南岗集中区闽江小区 32 栋 2 单元 1 层 4 号

上海市

东方出版中心

- 联系人：丁　峰
- 电　话：021-62288670
- 地　址：上海市长宁区仙霞路 345 号

东华大学出版社有限公司

- 联系人：俞向海
- 电　话：13917187754
- 地　址：上海市长宁区延安西路 1882 号

复旦大学出版社有限公司

- 联系人：朱烈骏
- 电　话：13501815731
- 地　址：上海市杨浦区国权路 579 号

华东理工大学出版社有限公司

- 联系人：曹　磊
- 电　话：13917100512
- 地　址：上海市徐汇区梅陇路 130 号

华东师范大学出版社有限公司

- 联系人：魏彪炳
- 电　话：13564004200
- 地　址：上海市普陀区中山北路 3663 号

立信会计出版社有限公司

- 联系人：张临林
- 电　话：13764946319
- 地　址：上海市徐汇区中山西路 2230 号

上海财经大学出版社有限公司

- 联系人：潘　力
- 电　话：13917580866
- 地　址：上海市虹口区中山北一路 369 号

上海大学出版社有限公司

- 联系人：林华东
- 电　话：18202198988
- 地　址：上海市延长路 149 号

上海第二军医大学出版社

- 联系人：王　燕
- 电　话：021-818-70785
- 地　址：上海市杨浦区翔殷路 800 号

上海古籍出版社有限公司

- 联系人：发行部
- 电　话：021-53203785
- 地　址：上海市闵行区号景路 159 弄 A 座 5 楼

上海光启书局有限公司

- 联系人：何　佳
- 电　话：021-54030092
- 地　址：上海市静安区长乐路 672 弄 33 号 5 楼

上海交通大学出版社有限公司

- 联系人：倪　博
- 电　话：13817789214
- 地　址：上海市徐汇区番禺路 951 号北一楼

上海教育报刊总社

- 联系人：曹荣瑞
- 电　话：021-62525555
- 地　址：上海市徐汇区中山南二路 151 号

上海巨童文化传播有限公司

- 联系人：吴绍君
- 电　话：15800599315
- 地　址：上海市宝山区城银路 525 号 913 室

上海科学技术文献出版社有限公司

- 联系人：王明海
- 电　话：15601784904
- 地　址：上海市徐汇区永福路 265 号 3 号楼 3 楼

上海科学普及出版社有限责任公司

- 联系人：王　静
- 电　话：18621656075
- 地　址：上海市南昌路 47 号

上海人民出版社有限责任公司

- 联系人：舒光洁
- 电　话：021-53594508
- 地　址：上海市黄浦区瑞金二路 272 号 3 号楼

上海人民美术出版社有限公司

- 联系人：孙正怀
- 电　话：13917209710
- 地　址：上海市闵行区号景路 159 弄 A 座 7 楼

上海三联书店有限公司

- 联系人：俞　铜
- 电　话：13386018233
- 地　址：上海市绍兴路 5 号

上海少年儿童出版社有限公司

- 联系人：朱丽君
- 电　话：13817153721
- 地　址：上海市闵行区号景路 159 弄 B 座 5F-6F

上海社会科学院出版社有限公司

👤 联系人：王真诚

📱 电　话：15201821467

📍 地　址：上海市黄浦区淮海中路 622 弄 7 号 547，555-559 室

上海世纪出版集团

👤 联系人：孙肖平

📱 电　话：13761237558

📍 地　址：上海市徐汇区钦州南路 81 号 19 楼

上海书画出版社有限公司

👤 联系人：邓　伟

📱 电　话：13801740381

📍 地　址：上海市闵行区七宝镇号景路 159 弄 A 座 4 楼

上海外语教育出版社有限公司

👤 联系人：张瑾玮

📱 电　话：13601718858

📍 地　址：上海市虹口区大连西路 558 号

上海文化出版社有限公司

👤 联系人：王　刚

📱 电　话：021-64312321

📍 地　址：上海市黄浦区绍兴路 7 号 3 楼

上海文汇出版社有限公司

👤 联系人：公　涛

📱 电　话：18930361881

📍 地　址：上海市威海路 755 号

上海文艺出版集团发行有限公司

👤 联系人：顾林凡

📱 电　话：021-61229118

📍 地　址：上海市徐汇区龙华路 2577 号 27 幢 106 室

上海文艺出版社有限公司

👤 联系人：汤正宇

📱 电　话：021-64372608-213

📍 地　址：上海市黄浦区绍兴路 74 号 2 楼

上海文艺音像电子出版社有限公司

👤 联系人：钟　珂

📱 电　话：021-64317181

📍 地　址：上海市黄浦区绍兴路 50 号一楼

上海译文出版社

👤 联系人：总　机

📱 电　话：021-53201888

📍 地　址：上海市闵行区号景路 159 弄 B 座 7-8 层

上海音乐学院出版社有限公司

👤 联系人：宋晓波

📱 电　话：18017932772

📍 地　址：上海市徐汇区汾阳路 20 号

上海挚童文化传播有限责任公司

👤 联系人：陈常智

📱 电　话：13674664001

📍 地　址：上海普陀区长寿路 868 号中港汇大厦 11 楼

上海中西书局有限公司

👤 联系人：张　艺

📱 电　话：021-60878357

📍 地　址：上海市徐汇区龙华路 2577 号 27 幢 108 室

同济大学出版社有限公司

👤 联系人：杨　涛

📱 电　话：13636424337

📍 地　址：上海市杨浦区四平路 1239 号

中国中福会出版社有限公司

👤 联系人：周进华

📱 电　话：13818258597

📍 地　址：上海市常熟路 157 号

中华地图学社有限公司

👤 联系人：左　伟

📱 电　话：021-62434279

📍 地　址：上海市普陀区武宁路 419 号 A 座 6 楼

江苏春雨教育集团有限公司

- 联系人：赵　伟
- 电　话：13810792405
- 地　址：江苏省南京市鼓楼区中山北路 88 号建伟大厦

江苏大学出版社有限公司

- 联系人：成　华
- 电　话：0511-84440880
- 地　址：江苏省镇江市京口区学府路 301 号

江苏凤凰出版社有限公司

- 联系人：张　军
- 电　话：025-83315871
- 地　址：江苏省南京市中央路 165 号

江苏凤凰电子音像出版社有限公司

- 联系人：沙玉龙
- 电　话：025-83211597
- 地　址：江苏省南京市湖南路 1 号

江苏凤凰教育出版社有限公司

- 联系人：杨韶辉
- 电　话：025-83658518
- 地　址：江苏省南京市湖南路 1 号 A 楼

江苏凤凰科学技术出版社有限公司

- 联系人：陈政军
- 电　话：025-83273085
- 地　址：江苏省南京市鼓楼区湖南路街道湖南路 1 号 -4 楼

江苏凤凰美术出版社有限公司

👤 联系人：段　炼

📱 电　话：025-68155677

📍 地　址：江苏省南京市鼓楼区湖南路 1 号

江苏凤凰少年儿童出版社有限公司

👤 联系人：王泳波

📱 电　话：13805173085

📍 地　址：江苏省南京市鼓楼区湖南路 1 号凤凰广场 A 座 10 楼 -12 楼

江苏凤凰文艺出版社有限公司

👤 联系人：韩　蕾

📱 电　话：025-83280217

📍 地　址：江苏省南京市中央路 165 号

江苏广心文化发展有限公司

👤 联系人：杨　瑾

📱 电　话：17751013857

📍 地　址：江苏省南京市鼓楼区山西路 68 号颐和商厦 22 层 C、D、E 座

江苏人民出版社有限公司

👤 联系人：刘英鹏

📱 电　话：025-83658090

📍 地　址：江苏省南京市鼓楼区湖南路 1 号 A 楼

江苏省出版物发行业协会

👤 联系人：严　澄

📱 电　话：13815871373

📍 地　址：江苏省南京市高云岭 56 号

江苏通典文化传媒集团有限公司

👤 联系人：沈晓娟

📱 电　话：13901486422

📍 地　址：江苏省南通市通州湾示范区长江路 207 号

江苏译林出版社有限公司

- 联系人：罗大明
- 电　话：025-86637608
- 地　址：江苏省南京市湖南路 1 号 A 楼

南京出版社有限公司

- 联系人：庄　斌
- 电　话：025-83283868
- 地　址：江苏省南京市玄武区太平门街 53 号

南京大学出版社有限公司

- 联系人：司增斌
- 电　话：025-83592317
- 地　址：江苏省南京市汉口路 22 号

南京东南大学出版社有限公司

- 联系人：彭克勇
- 电　话：025-83793191
- 地　址：江苏省南京市玄武区四牌楼 2 号

南京欧智宝图书有限公司

- 联系人：杨子贤
- 电　话：13520689739
- 地　址：江苏省南京市鼓楼区中山北路 217 号龙吟广场 10 楼 1007 室

南京师范大学出版社有限责任公司

- 联系人：顾元灰
- 电　话：025-83598712
- 地　址：江苏省南京市玄武区后宰门西村 9 号

苏州大学出版社有限公司

- 联系人：陈兴昌
- 电　话：0512-65222783
- 地　址：江苏省苏州市沧浪区十梓街 1 号

杭州出版社有限公司

- 👤 联系人：程晓娟
- 📱 电　话：0571-87997689
- 📍 地　址：浙江省杭州市拱墅区西湖文化广场 32 号 601 室 -01

杭州紫金港文化传播有限公司

- 👤 联系人：赵　辰
- 📱 电　话：15168351331
- 📍 地　址：浙江省杭州市上城区海运国际大厦 A 座 1708

宁波出版社

- 👤 联系人：廖维勇
- 📱 电　话：0574-87660272
- 📍 地　址：浙江省宁波市鄞州区宁波书城文化广场

宁波艺趣文化传播有限公司

- 👤 联系人：黄堂文
- 📱 电　话：15824205923
- 📍 地　址：浙江省宁波市江北区康桥南路 535 号 7 幢 401 室

生本科技（浙江）有限公司

- 👤 联系人：王丽娜
- 📱 电　话：13626640517
- 📍 地　址：浙江省台州市路桥区桐屿街道滕达西路 588 号蓝天水岸广场 1 幢 616 室

浙江大学出版社有限责任公司

- 👤 联系人：寿勤文
- 📱 电　话：0571-87023140
- 📍 地　址：浙江省杭州市西湖区天目山路 148 号

浙江工商大学出版社有限公司

👤 联系人：祝希茜

📱 电　话：0571-88904980

📍 地　址：浙江省杭州市教工路 198 号

浙江古籍出版社有限公司

👤 联系人：吴文江

📱 电　话：0571-85068292

📍 地　址：浙江省杭州市体育场路 347 号

浙江教育出版社有限公司

👤 联系人：周　鼎

📱 电　话：0571-88909719

📍 地　址：浙江省杭州市西湖区天目山路 40 号

浙江科学技术出版社有限公司

👤 联系人：金蓉辉

📱 电　话：0571-85171220

📍 地　址：浙江省杭州市体育场路 347 号

浙江人民出版社有限公司

👤 联系人：李　群

📱 电　话：0571-85063734

📍 地　址：浙江省杭州市体育场路 347 号 11-13 层

浙江人民美术出版社有限公司

👤 联系人：任继强

📱 电　话：0571-85176089

📍 地　址：浙江省杭州市体育场路 347 号

浙江少年儿童出版社有限公司

👤 联系人：朱烨亮

📱 电　话：13588264599

📍 地　址：浙江省杭州市西湖区天目山路 40 号出版大厦 4 楼

浙江摄影出版社有限公司

- 联系人：乔　鑫
- 电　话：0571-85159646
- 地　址：浙江省杭州市体育场路 347 号

浙江文艺出版社有限公司

- 联系人：金继发
- 电　话：0571-85064309
- 地　址：浙江省杭州市体育场路 347 号

浙江越生大书房图书销售有限公司

- 联系人：孟文琴
- 电　话：13336819667
- 地　址：浙江省绍兴市越城区迪荡新城元城大厦 1303 室 -2

安徽大学出版社有限责任公司

- 联系人：王宏伟
- 电　话：17756059880
- 地　址：安徽省合肥市肥西路 3 号

安徽古的网络科技有限公司

- 联系人：冯坤李
- 电　话：18919654894
- 地　址：安徽省合肥市经开区九龙路 168 号东湖高新 18-103

安徽教育出版社

- 联系人：李　冰
- 电　话：13605519912
- 地　址：安徽省合肥市经济技术开发区繁华大道 398 号

安徽科学技术出版社

- 联系人：韦　宇
- 电　话：15855140152
- 地　址：安徽省合肥市蜀山区翡翠路 1118 号

安徽美术出版社

- 联系人：卢　君
- 电　话：15395101029
- 地　址：安徽省合肥市蜀山区圣泉路 1118 号

安徽人民出版社

- 联系人：王　丁
- 电　话：13905694124
- 地　址：安徽省合肥市蜀山区圣泉路 1118 号

安徽少年儿童出版社

- 👤 联系人：柳 洁
- 📱 电 话：18755132522
- 📍 地 址：安徽省合肥市蜀山区翡翠路 1118 号出版传媒广场 11 层

安徽师范大学出版社有限责任公司

- 👤 联系人：陈凯琦
- 📱 电 话：19155365641
- 📍 地 址：安徽省芜湖市九华南路安徽师范大学花津校区

安徽文艺出版社

- 👤 联系人：王 亮
- 📱 电 话：17755101087
- 📍 地 址：安徽省合肥市蜀山区翡翠路 1118 号

安徽新华电子音像出版社

- 👤 联系人：王骏阳
- 📱 电 话：13865995268
- 📍 地 址：安徽省合肥市包河区包河工业园北京路 1066 号鸿强大厦 1701-09 号

安徽壹思吉文化传媒有限公司

- 👤 联系人：王旭峰
- 📱 电 话：15855001809
- 📍 地 址：安徽省滁州市全椒县孙塘路 228 号

安徽源津图书销售有限公司

- 👤 联系人：张 晨
- 📱 电 话：13956443193
- 📍 地 址：安徽省淮南市田家庵区朝阳街道日申商城 248 室

合肥工业大学出版社

- 👤 联系人：杜正海
- 📱 电 话：18655147719
- 📍 地 址：安徽省合肥市屯溪路 193 号合工大校内

黄山书社

👤 联系人：张　炜

📱 电　话：13865966305

📍 地　址：安徽省合肥市蜀山区圣泉路 1118 号

时代出版传媒股份有限公司

👤 联系人：陶　锐

📱 电　话：15240017815

📍 地　址：安徽省合肥市长江西路 669 号

时代新媒体出版社有限责任公司

👤 联系人：杨邵华

📱 电　话：18655163940

📍 地　址：安徽省合肥市政务文化新区翡翠路 1118 号

中国科学技术大学出版社有限责任公司

👤 联系人：徐　萍

📱 电　话：13965014927

📍 地　址：安徽省合肥市金寨路 96 号

福建教育出版社有限责任公司

- 联系人：洪于群
- 电　话：13906911673
- 地　址：福建省福州市鼓楼区梦山路 27 号

福建科学技术出版社有限责任公司

- 联系人：张　帆
- 电　话：18695725900
- 地　址：福建省福州市鼓楼区东水路 76 号 15 层

福建鹭江出版社

- 联系人：魏　勇
- 电　话：18060611884
- 地　址：福建省厦门市思明区湖明路 22 号

福建美术出版社有限责任公司

- 联系人：鲁夏楠
- 电　话：15259131687
- 地　址：福建省福州市东水路 76 号 16 号福建美术出版社发行科

福建人民出版社

- 联系人：陈怀旺
- 电　话：15005056543
- 地　址：福建省福州市东水路 76 号

福建少年儿童出版社有限责任公司

- 联系人：陈　佳
- 电　话：13950213108
- 地　址：福建省福州市东水路 76 号 17 层

福建省地图出版社有限责任公司

👤 联系人：朱艳霞

📱 电　话：0591-87822830

📍 地　址：福建省福州市鼓楼区温泉街道华林路 205 号

福州青葫芦文化创意有限公司

👤 联系人：雷梦熠

📱 电　话：19305014707

📍 地　址：福建省福州市仓山区建新镇盘屿路 869 号金山工业集中区福湾园 7 号楼福州青葫芦文化创意有限公司

海峡书局出版社

👤 联系人：陈洁蕾

📱 电　话：13509328774

📍 地　址：福建省福州市鼓楼区东水路 76 号 8 层

海峡文艺出版社

👤 联系人：崔　怡

📱 电　话：13950292975

📍 地　址：福建省福州市东水路 76 号

厦门大学出版社

👤 联系人：张益丁

📱 电　话：18650132700

📍 地　址：福建省厦门市软件园二期望海路 39 号 601 单元

百花洲文艺出版社有限责任公司

- 联系人：涂勇泉
- 电　话：18970878653
- 地　址：江西省南昌市红谷滩区博能佰瑞琪大厦 A 座 2001 室（第 20 层）

二十一世纪出版社集团有限公司

- 联系人：余立涛
- 电　话：18679185610
- 地　址：江西省南昌市西湖区子安路 75 号

红星电子音像出版社有限责任公司

- 联系人：喻　刚
- 电　话：13755659244
- 地　址：江西省南昌市红谷滩新区红角洲岭口路 129 号

江西斗半匠文化产业发展有限公司

- 联系人：韩少兵
- 电　话：18970039987
- 地　址：江西省南昌市南昌高新技术产业开发区创新三路 777 号

江西高校出版社有限责任公司

- 联系人：胡维枫
- 电　话：17807029921
- 地　址：江西省南昌市东湖区洪都北大道 96 号

江西红星传媒集团有限公司

- 联系人：游慧敏
- 电　话：18170879005
- 地　址：江西省南昌市红谷滩区红谷中大道 669 号电子大厦 4 层

江西教育出版社有限责任公司

👤 联系人：万莉莉

📱 电　话：13755626203

📍 地　址：江西省南昌市东湖区抚河北路 291 号

江西科学技术出版社有限责任公司

👤 联系人：关海跃

📱 电　话：15179601820

📍 地　址：江西省南昌市西湖区蓼洲街 2 号附 1 号

江西美术出版社有限责任公司

👤 联系人：郭良祥

📱 电　话：18770473267

📍 地　址：江西省南昌市西湖区子安路 66 号

江西人民出版社有限责任公司

👤 联系人：徐梦乔

📱 电　话：18679136277

📍 地　址：江西省南昌市三经路 47 号附 1 号

江西跃山科技有限责任公司

👤 联系人：柯燕红

📱 电　话：15390830928

📍 地　址：江西省南昌市南昌高新技术产业开发区紫阳大道 3399 号云中城
　　　　　A# 办公楼 12 楼 1208 室

中文天地出版传媒集团股份有限公司

👤 联系人：刘晓颖

📱 电　话：13507080175

📍 地　址：江西省上饶市上饶经济技术开发区兴园大道 32 号双创科技城 10
　　　　　号楼

山东省

济南出版社

👤 联系人：周忠照

📱 电　话：15098796698

📍 地　址：山东省济南市市中区二环南路 1 号

明天出版社有限公司

👤 联系人：寇　莹

📱 电　话：18618405977

📍 地　址：山东省济南市市中区万寿路 19 号

青岛出版社

👤 联系人：万延贵

📱 电　话：18660212001

📍 地　址：山东省青岛市崂山区海尔路 182 号 2 号楼 2001

山东出版传媒股份有限公司

👤 联系人：董　理

📱 电　话：18660125099

📍 地　址：山东省济南市英雄山路 189 号

山东大学出版社

👤 联系人：王　飞

📱 电　话：18363085006

📍 地　址：山东省济南市历城区山大南路 20 号

山东汉知简文化传媒有限公司

👤 联系人：范照晨

📱 电　话：13276405635

📍 地　址：山东省济南市历下区大数据产业基地 B 栋 12 楼

山东瀚海书韵教育科技有限公司

👤 联系人：郭　政
📱 电　话：15314354422
📍 地　址：山东省滨州市黄河三路 503 号

山东鸿新文化传媒有限公司

👤 联系人：雷祥涛
📱 电　话：15020777798
📍 地　址：山东省济宁市梁山县杨营镇孙庄村公明路北

山东画报出版社

👤 联系人：李　扬
📱 电　话：18553102800
📍 地　址：山东省济南市市中区舜耕路 517 号 14-2 层、15 层

山东教育出版社

👤 联系人：周宝青
📱 电　话：13793152035
📍 地　址：山东省济南市市中区二环南路 2066 号 4 区 1 号

山东科学技术出版社

👤 联系人：姜　伟
📱 电　话：13954158808
📍 地　址：山东省济南市市中区舜耕路 517 号 7-8 层

山东美术出版社有限公司

👤 联系人：胡昱昊
📱 电　话：13705310118
📍 地　址：山东省济南市市中区舜耕路 517 号书苑广场

山东齐鲁书社出版社

👤 联系人：于　航
📱 电　话：15508696563
📍 地　址：山东省济南市市中区舜耕路 517 号书苑广场 9 楼

山东人民出版社

- 联系人：张晓丽
- 电　话：18888353286
- 地　址：山东省济南市市中区舜耕路 517 号 11-14 层

山东儒美文教科技有限公司

- 联系人：张盛祥
- 电　话：18678199335
- 地　址：山东省淄博市张店区柳泉路创业火炬广场 B 座 1102

山东省地图出版社

- 联系人：隋　宇
- 电　话：15689730660
- 地　址：山东省济南市二环东路 6090 号

山东维克多利纸业有限责任公司

- 联系人：崔鹏飞
- 电　话：17678009843
- 地　址：山东省聊城市高唐县光明东路 3 号

山东文艺出版社有限公司

- 联系人：丁金哲
- 电　话：15806656351
- 地　址：山东省济南市市中区英雄山路 189 号 9-10 楼

山东友谊出版社

- 联系人：董靖宇
- 电　话：18653148302
- 地　址：山东省济南市英雄山路 189 号

山东云墨文化有限公司

- 联系人：贺桂兰
- 电　话：18854052998
- 地　址：山东省菏泽市东明县三八路二十三号

泰山出版社

👤 联系人：张翠芳

📱 电　话：13805317208

📍 地　址：山东省济南市马鞍山路 58 号 8 号楼

中国海洋大学出版社

👤 联系人：孙　玮

📱 电　话：13953220407

📍 地　址：山东省青岛市市南区鱼山路 5 号

中国石油大学出版社

👤 联系人：李亚楠

📱 电　话：18678971902

📍 地　址：山东省青岛市黄岛区长江西路 66 号

河南省

大象出版社有限公司

- 联系人：宋保义
- 电　话：13526726367
- 地　址：河南省郑州市金水区祥盛街 27 号

海燕出版社有限公司

- 联系人：李玥昊
- 电　话：13733800309
- 地　址：河南省郑州市金水区祥盛街 27 号

河南北之星图书有限公司

- 联系人：王高霞
- 电　话：18203655532
- 地　址：河南省新乡市卫滨区南环路与解放路交叉口向南 750 米东南角

河南大学出版社有限责任公司

- 联系人：李亚涛
- 电　话：15937823432
- 地　址：河南省郑州市郑东新区商务外环中华大厦 2401 号

河南电子音像出版社有限公司

- 联系人：段嫩芝
- 电　话：0371-65733356
- 地　址：河南省郑州市金水区祥盛街 27 号

河南九铭文教图书发行有限公司

- 联系人：李春玲
- 电　话：15537108860
- 地　址：河南省郑州市金水区索凌路 8 号 B12 号楼东 4 单元 10 层东户

河南科学技术出版社

👤 联系人：郭瑞光

📱 电　话：0371-65788048

📍 地　址：河南省郑州市经五路 66 号

河南美术出版社有限公司

👤 联系人：宋学军

📱 电　话：0371-65788177

📍 地　址：河南省郑州市金水区祥盛街 27 号

河南人民出版社

👤 联系人：张志林

📱 电　话：0371-65788032

📍 地　址：河南省郑州市金水区祥盛街 27 号

河南少年文化传播有限公司

👤 联系人：赵路美

📱 电　话：13838180879

📍 地　址：河南省郑州市郑东新区众旺路 52 号

河南天星教育传媒股份有限公司

👤 联系人：范　娟

📱 电　话：13526667255

📍 地　址：河南省郑州市高新区总部企业基地 51 号楼

河南文艺出版社有限公司

👤 联系人：范三春

📱 电　话：0371-65379196

📍 地　址：河南省郑州市金水区祥盛街 27 号

黄河水利出版社有限公司

👤 联系人：李翰一

📱 电　话：19937655318

📍 地　址：河南省郑州市顺河路黄委会综合楼 14 层

文心出版社

- 联系人：崔　珂
- 电　话：0371-65788126
- 地　址：河南省郑州市郑东新区祥盛街 27 号 6 层

郑州大学出版社有限公司

- 联系人：刘秉昊
- 电　话：18137131375
- 地　址：河南省郑州市大学路 40 号

中原大地传媒股份有限公司

- 联系人：亓雪源
- 电　话：18860375251
- 地　址：河南省焦作市塔南路 45 号

中原农民出版社有限公司

- 联系人：索路军
- 电　话：0371-65788665
- 地　址：河南省郑州市金水区祥盛街 27 号

中州古籍出版社有限公司

- 联系人：汪继林
- 电　话：0371-65788698
- 地　址：河南省郑州市郑东新区祥盛街 27 号

周口市瑞晟图书发行有限公司

- 联系人：朱国俊
- 电　话：18939465262
- 地　址：河南省周口市邦杰路与交通路交叉口南 200 米路东

湖北省

长江出版传媒股份有限公司

- 联系人：黄国斌
- 电　话：13871287659
- 地　址：湖北省武汉市洪山区雄楚大街 268 号

长江出版社（武汉）有限公司

- 联系人：胡学平
- 电　话：18963972503
- 地　址：湖北省武汉市江岸区解放大道 1863 号长江水利委员会 3 号楼
  401-417 室

长江少年儿童出版社（集团）有限公司

- 联系人：唐　靓
- 电　话：18627777295
- 地　址：湖北省武汉市洪山区雄楚大街省出版城 C 座

长江文艺出版社有限公司

- 联系人：尹志勇
- 电　话：13871237670
- 地　址：湖北省武汉市雄楚大街 268 号湖北出版文化城 B 座 8-9 楼

崇文书局有限公司

- 联系人：韩　敏
- 电　话：13986162718
- 地　址：湖北省武汉市洪山区雄楚大道 268 号出版文化城 C 座 11 楼

海豚传媒股份有限公司

- 联系人：夏顺华
- 电　话：18062667111
- 地　址：湖北省武汉市洪山区文化大道 555 号融创智谷二期 B2 栋三楼四楼

湖北博道文化传媒有限公司

- 联系人：许　彦
- 电　话：13588731464
- 地　址：湖北省鄂州市葛店开发区创业服务中心

湖北博瑞德文化传播有限公司

- 联系人：张艾军
- 电　话：13908666621
- 地　址：湖北省随州市曾都经济开发区余家老湾村6组

湖北长江报刊传媒（集团）有限公司

- 联系人：肖昌斌
- 电　话：13667198086
- 地　址：湖北省武汉市洪山区珞瑜路78号

湖北诚品文化发展有限公司

- 联系人：周金波
- 电　话：13507168781
- 地　址：湖北省武汉市东湖新技术开发区关山二路特1号国际企业中心2栋5层02室G2-8（自贸区武汉片区）

湖北楚天都市报传媒有限责任公司

- 联系人：江　萌
- 电　话：13036116166
- 地　址：湖北省武汉市武昌区东湖路181号楚天传媒大厦

湖北聪贝文化传播有限公司

- 联系人：张小林
- 电　话：13908669819
- 地　址：湖北省随州市曾都区裕民大道湖北贝牛文化发展有限公司内

湖北大圣恒丰文化传播有限公司

- 联系人：胡艳平
- 电　话：13707119539
- 地　址：湖北省武汉市洪山区雄楚大道268号

湖北大信博文图书发行有限公司

- 联系人：夏荣鹏
- 电　话：13908640169
- 地　址：湖北省武汉市洪山区雄楚大街 268 号

湖北典越文化传播有限公司

- 联系人：张州平
- 电　话：13908667773
- 地　址：湖北省随州市曾都区东城街蒋家岗

湖北东西方文化传播有限公司

- 联系人：吕浩田
- 电　话：18062138666
- 地　址：湖北省武汉市江夏庙山经济开发区江夏大道 16 号

湖北哈皮童年出版发行有限公司

- 联系人：李　波
- 电　话：18086685919
- 地　址：湖北省武汉市江岸区百花一路 88 号百步亭花园现代城三区 312 栋

湖北海豚儿童书店有限公司

- 联系人：李　欣
- 电　话：13507187320
- 地　址：湖北省武汉市洪山区文化大道 555 号融创智谷二期 B2 栋三楼四楼

湖北虹光文化传媒有限公司

- 联系人：谭晓安
- 电　话：13638696880
- 地　址：湖北省武汉市洪山区雄楚大街 268 号

湖北华育文化发展有限公司

- 联系人：张东风
- 电　话：13907158308
- 地　址：湖北省武汉市东西湖区将军街宏图路 9 号金银潭现代企业城
  A8 栋

湖北华之慧文化传媒有限公司

- 👤 联系人：王朝鹏
- 📱 电　话：13971005616
- 📍 地　址：湖北省武汉市洪山区工大路西侧理工大学科技孵化楼（二期）（理工云创城）1号楼1701-2室

湖北华忠思杰文化有限公司

- 👤 联系人：游海涛
- 📱 电　话：15871495099
- 📍 地　址：湖北省武汉市洪山区北港村文治街32号武昌府二期西区5号商业栋A单元28层14室

湖北惠成出版传媒有限公司

- 👤 联系人：胡正刚
- 📱 电　话：13377872838
- 📍 地　址：湖北省武汉市东西湖将军路宏图大道9号全根潭现代企业城A区

湖北嘉仑文化发展有限公司

- 👤 联系人：何家伦
- 📱 电　话：13419548082
- 📍 地　址：湖北省咸宁市咸安经济开发区宝竹路旁

湖北教育出版社有限公司

- 👤 联系人：刘　凡
- 📱 电　话：18602720152
- 📍 地　址：湖北省武汉市洪山区雄楚大道268号湖北出版文化城C座18楼

湖北今古传奇传媒集团有限公司

- 👤 联系人：鄢元平
- 📱 电　话：13871460296
- 📍 地　址：湖北省武汉市武昌区翠柳街1号

湖北金百汇文化传播股份有限公司

👤 联系人：黄　娟
📱 电　话：18898771435
📍 地　址：湖北省武汉市洪山区卓刀泉路 238 号雄楚天地第 1 幢 18 层

湖北金童星教育科技有限公司

👤 联系人：熊芝棋
📱 电　话：13006398820
📍 地　址：湖北省武汉市东西湖区将军路街金银潭大道以北、银潭路以南"武汉客厅"J 号楼二十二楼 2202-3、2202-4

湖北经济学院资产经营有限责任公司

👤 联系人：张国安
📱 电　话：18907129096
📍 地　址：湖北省武汉市洪山区雄楚大道 268-208

湖北九通电子音像出版社有限公司

👤 联系人：冯　云
📱 电　话：13995602846
📍 地　址：湖北省武汉市洪山区雄楚大道 268 号图书出版城超 C 座

湖北开动传媒科技有限公司

👤 联系人：蔡　巍
📱 电　话：18971505243
📍 地　址：湖北省武汉市东湖开发区华工科技园二号路武汉大学出版社物流中心办公楼书库一、书库二

湖北科学技术出版社有限公司

👤 联系人：费文光
📱 电　话：18602724180
📍 地　址：湖北省武汉市洪山区雄楚大街 268 号湖北出版文化城 B 座

湖北蓝色畅想图书发行有限公司

- 👤 联系人：田金生
- 📱 电　话：18607129666
- 📍 地　址：湖北省武汉市洪山区珞狮南路明泽丽湾 1 栋 C 座 10 层

湖北朗文书业有限公司

- 👤 联系人：卢汉生
- 📱 电　话：13307163501
- 📍 地　址：湖北省武汉市洪山区珞狮南路 519 号明泽丽湾 1-C-1101

湖北猎豹教育科技有限公司

- 👤 联系人：赵　刚
- 📱 电　话：13908665226
- 📍 地　址：湖北省武汉市东湖新技术开发区关山村万科锦程三期 1 号楼 1 层办公 4 号

湖北猎豹图书文化有限公司

- 👤 联系人：喻启勇
- 📱 电　话：15337110449
- 📍 地　址：湖北省随州市曾都区北郊孔家坡一组 280 号

湖北美术出版社有限公司

- 👤 联系人：贾计轩
- 📱 电　话：13986017818
- 📍 地　址：湖北省武汉市洪山区雄楚大街 268 号湖北出版文化城 B 座

湖北陌陌童年出版发行有限公司

- 👤 联系人：周　冲
- 📱 电　话：18627996148
- 📍 地　址：湖北省武汉市洪山区书城路文秀街 10 号中石 A 栋大楼 2 号门第 8A

湖北启源招生考试发行有限公司

- 👤 联系人：李洪峰
- 📱 电　话：13807140137
- 📍 地　址：湖北省武汉市武昌区友谊大道学院路 12 号 9 号楼

湖北仟阅文化传媒有限公司

👤 联系人：张德胜

📱 电　话：13377862856

📍 地　址：湖北省武汉市东湖新技术开发区高新大道 801 号中建光谷之星 1
号楼 1 单元十一层（4）号（自贸区武汉片区）

湖北青出于蓝文化传播有限公司

👤 联系人：李　伟

📱 电　话：13871003388

📍 地　址：湖北省武汉市东湖开发区东信路 SBI 创业街 7 幢 15 楼

湖北人民出版社有限公司

👤 联系人：姚德海

📱 电　话：13986280807

📍 地　址：湖北省武汉市洪山区雄楚大街 268 号 B 座 16 层

湖北日报楚天传媒（集团）有限责任公司

👤 联系人：陈剑文

📱 电　话：18971458970

📍 地　址：湖北省武汉市东湖路 181 号

湖北三新文化传媒有限公司

👤 联系人：宋旅黄

📱 电　话：13707161981

📍 地　址：湖北省武汉市东湖开发区光谷大道关南三路 1 号武汉三新书业有
限公司办公楼

湖北叁氏文化发展有限公司

👤 联系人：左建通

📱 电　话：18672766600

📍 地　址：湖北省武汉市东西湖区径河办事处吴北路 517 号 13 栋 14 层 4 室

湖北省爱德森森文化传播有限公司

👤 联系人：盛海艳

📱 电　话：13100706466

📍 地　址：湖北省武汉市洪山区文化大道 555 号融科智谷工业项目（三期）C5 号楼 9 层（2）研发号

湖北省绿山墙英文图书有限公司

👤 联系人：戈玲峰

📱 电　话：18972530222

📍 地　址：湖北省宜昌市夷陵区峡州路 23 号

湖北省外文书店有限公司

👤 联系人：程　龙

📱 电　话：18607172693

📍 地　址：湖北省武汉市武昌区中南路 11 号

湖北省新华书店（集团）有限公司

👤 联系人：邱从军

📱 电　话：18827330037

📍 地　址：湖北省武汉市硚口区发展大道 33 号

湖北省中国青年旅行社有限公司

👤 联系人：徐君君

📱 电　话：15387008672

📍 地　址：湖北省洪山区雄楚大街 268 号出版文化城 A 座 2 层

湖北时代开明文化传播有限公司

👤 联系人：彭小兵

📱 电　话：13707275853

📍 地　址：湖北省襄阳市襄城区东街 27-4-5 号

湖北时代卓锦文化传媒有限公司

👤 联系人：刘勇军

📱 电　话：13871659819

📍 地　址：湖北省武汉市东湖新技术开发区关山村万科锦程三期 1 号楼 20
　　　　　层办公 3 号

湖北时事畅想教育投资有限公司

👤 联系人：万福元

📱 电　话：13807172119

📍 地　址：湖北省武汉市洪山区雄楚大街 229-1 号春林庭苑综合楼 A 楼 A
　　　　　座 2 单元 17 层 3 室

湖北世纪海岸出版传媒有限公司

👤 联系人：杨　平

📱 电　话：13397153461

📍 地　址：湖北省武汉市东西湖区将军路街"武汉客厅小型会展中心建设项
　　　　　目"展贸中心 H 号楼、I 号楼 H 单元 5 层 08 号 2

湖北世纪华章文化传播有限公司

👤 联系人：张　丹

📱 电　话：18971287404

📍 地　址：湖北省武汉市洪山区马湖村武汉创意天地高层办公楼 7 号楼
　　　　　16 层

湖北世纪英才文化发展有限公司

👤 联系人：詹　丞

📱 电　话：13816949979

📍 地　址：湖北省武汉市雄楚大道 268 号

湖北司马彦文化科技有限公司

👤 联系人：司马彦

📱 电　话：13907116737

📍 地　址：湖北省武汉市洪山区书城路 7 号名士 1 号 3 号、4 号公寓式办公
　　　　　楼 4 号楼 13 层 2-6 室

湖北特别关注传媒股份有限公司

👤 联系人：江义宏

📱 电　话：13607176958

📍 地　址：湖北省武汉市东湖路 181 号特别关注杂志社

湖北稳派文化传播有限公司

👤 联系人：张　攀

📱 电　话：13667205474

📍 地　址：湖北省武汉市东湖新技术开发区理工园四路 1 号理工大科技园研
发基地 B1 栋 1-4 层 1 号楼 2-3 层

湖北小熊图书文化传媒有限公司

👤 联系人：熊　辉

📱 电　话：13607115997

📍 地　址：湖北省武汉市黄陂区盘龙城经济开发区楚天大道特 1 号卓尔优势
企业总部基地 7 号

湖北校苑科技传媒有限公司

👤 联系人：汪　涛

📱 电　话：13035102006

📍 地　址：湖北省武汉市洪山区雄楚大街 268 号

湖北新华文化教育科技有限公司

👤 联系人：李明辉

📱 电　话：13871558100

📍 地　址：湖北省武汉市硚口区长丰村印刷物资配套仓库 2 楼

湖北言道文化传播有限责任公司

👤 联系人：季金国

📱 电　话：13871015555

📍 地　址：湖北省武汉市洪山区书城路名士 1 号办公楼 4 号楼 19 层 4 号

湖北一心文化发展有限公司

👤 联系人：杨　俊

📱 电　话：15897603769

📍 地　址：湖北省随州市曾都区经济开发区余家老湾村（湖北欣悦出版物物
　　　　　流有限公司办公楼栋 1-4 层 10 号 3 楼）

湖北盈未来教育科技有限公司

👤 联系人：王汉红

📱 电　话：18971351998

📍 地　址：湖北省武汉市东西湖区宏图路 8 号 A 幢 22 层 11 号房

湖北优翼文教有限公司

👤 联系人：王　浩

📱 电　话：18571667500

📍 地　址：湖北省武汉市东西湖区宏图路 8 号武汉客厅小型会展中心建设项
　　　　　目 A 幢 22 层 04 号房

湖北阅趣文化传媒有限公司

👤 联系人：袁　甫

📱 电　话：15207153837

📍 地　址：湖北省武汉市东西湖区将军路街金银潭大道以北、银潭路以南
　　　　　"武汉客厅小型会展中心"展贸中心 J 号楼第 6 层 606 号

湖北知音传媒股份有限公司

👤 联系人：刘学明

📱 电　话：13545394468

📍 地　址：湖北省武汉市武昌区东湖路 179 号

湖北知音动漫有限公司

👤 联系人：何卫红

📱 电　话：13971172825

📍 地　址：湖北省武汉市武昌区东湖路 179 号

湖北至诚经典发行有限公司

- 👤 联系人：陈汉玲
- 📱 电　话：13971405538
- 📍 地　址：湖北省武汉市江岸区黄浦科技园特19号华中图书交易中心 A116-117

湖北智慧万羽文化传媒有限公司

- 👤 联系人：刘　丹
- 📱 电　话：13343411931
- 📍 地　址：湖北省武汉市洪山区工业园书城路18号1单元12层21室、22室

湖北中楚文化发展有限公司

- 👤 联系人：陈振亚
- 📱 电　话：13971268198
- 📍 地　址：湖北省武汉市洪山区雄楚大道268号

湖北中文在线数字出版有限公司

- 👤 联系人：杜　嘉
- 📱 电　话：15600319223
- 📍 地　址：湖北省武汉市经济技术开发区华中智谷B4栋6层

湖北中雅思大教材发行有限公司

- 👤 联系人：王汉刚
- 📱 电　话：13907167746
- 📍 地　址：湖北省武汉市洪山区雄楚大街268号图书批发市场435号

湖北中阅联创文化有限公司

- 👤 联系人：冯　影
- 📱 电　话：13308646847
- 📍 地　址：湖北省武汉市江汉区后襄河北路59号后襄河c地块1栋1单元 18层2-4号

湖北钟书文化传媒有限公司

- 联系人：金　浩
- 电　话：13916778999
- 地　址：湖北省孝感市云梦县吴铺镇城北工业园 99 号

湖北众邦文化传播有限公司

- 联系人：宋　谨
- 电　话：13807104342
- 地　址：湖北省武汉市洪山区雄楚大街 229-1 号春林庭苑综合楼 A 座 2 单元 18 层 4 室

湖北准易教育研究院

- 联系人：徐　鹤
- 电　话：18271921492
- 地　址：湖北省武汉市洪山区洪山街文秀街 10 号中石 A 栋 2 号门 6 层 607-A 室

湖北邹慕白书法传媒有限公司

- 联系人：邹慕白
- 电　话：18607246565
- 地　址：湖北省咸宁市咸安区长江工业园内 1 幢

华中科技大学出版社有限责任公司

- 联系人：张　琪
- 电　话：13377893518
- 地　址：湖北省武汉市东湖新技术开发区华中科技大学科技园六路

华中师范大学出版社有限责任公司

- 联系人：杨　振
- 电　话：13477018161
- 地　址：湖北省武汉市洪山区珞瑜路 152 号华中师范大学校内

黄冈教育谷投资控股有限公司

👤 联系人：黄君莲

📱 电　话：18071816393

📍 地　址：湖北省黄冈市黄州区中环路 17 号 8 楼 8007

黄冈市学海园文化发展有限公司

👤 联系人：郭莉华

📱 电　话：13114439497

📍 地　址：湖北省黄冈市黄州区新港北路 19 号光谷联合科技城 D13 幢

仁意武汉实业有限公司

👤 联系人：刘鹏飞

📱 电　话：17762592939

📍 地　址：湖北省武汉市江夏区经济开发区藏龙岛凤凰大道 5 号

圣才电子书（武汉）有限公司

👤 联系人：陈冬保

📱 电　话：13886469071

📍 地　址：湖北省武汉市东湖新技术开发区光谷三路 777 号创星汇自贸金融
　　　　　大厦（产业配套科技园研发楼）15 层 1502

随州市梯田文化传播有限公司

👤 联系人：贺　辉

📱 电　话：13339895258

📍 地　址：湖北省随州市曾都区东城汉东路中段（汉东星都 B-02 幢 1-3 层
　　　　　202 号）

唯品会（湖北）电子商务有限公司

👤 联系人：杨国昌

📱 电　话：13349868007

📍 地　址：湖北省鄂州市葛店开发区一号工业区

武汉爱立方儿童教育传媒股份有限公司

👤 联系人：万永刚

📱 电　话：13437271173

📍 地　址：湖北省武汉市洪山区雄楚大街 268 号出版文化城主楼 B 座 1716

武汉爱儒教育科技有限公司

👤 联系人：马　琳

📱 电　话：18971220770

📍 地　址：湖北省武汉市洪山区雄楚大街 268 号图书批发市场 903 号

武汉北斗星书业有限公司

👤 联系人：王洪宝

📱 电　话：13098809900

📍 地　址：湖北省武汉市洪山区雄楚大道 268 号

武汉博大三六五文化传媒有限公司

👤 联系人：徐同长

📱 电　话：13971099196

📍 地　址：湖北省武汉市江岸区后湖乡石桥村武汉图书大市场 D 栋 308 号

武汉潮图文化传播有限公司

👤 联系人：常蓦尘

📱 电　话：15527970281

📍 地　址：湖北省武汉市武昌区徐东大街 6 号汇通天地第 B 塔 5 层 1 号

武汉诚和图书发行有限公司

👤 联系人：陈迎胜

📱 电　话：13006182345

📍 地　址：湖北省武汉市武昌区徐家棚街三角路村福星惠誉水岸国际 4 号地块 1 栋 26 层 5、6、7 室

武汉出版社有限公司

👤 联系人：毛家明

📱 电　话：13507100880

📍 地　址：湖北省武汉市新华路 490 号

武汉春润图书发行有限公司

- 👤 联系人：祝合成
- 📱 电　话：18971442895
- 📍 地　址：湖北省武汉市洪山区雄楚大街 268 号

武汉大学出版社有限责任公司

- 👤 联系人：何建庆
- 📱 电　话：13507185340
- 📍 地　址：湖北省武汉市武昌区珞珈山武汉大学校内

武汉点讯文化传媒有限公司

- 👤 联系人：黄小燕
- 📱 电　话：18672302866
- 📍 地　址：湖北省武汉市东西湖区武汉市国营吴家山农场二大队 2 号厂房 3 层 304

武汉东捷文化传媒有限公司

- 👤 联系人：余　丽
- 📱 电　话：13407176887
- 📍 地　址：湖北省武汉市洪山区雄楚大街与珞狮南路交汇处武汉南国雄楚广场精品生活馆 A1 单元 702-704 号

武汉飞鸿文化发展有限公司

- 👤 联系人：何　山
- 📱 电　话：13886161189
- 📍 地　址：湖北省武汉市洪山区雄楚大街 268 号

武汉广诚轩文化发展有限公司

- 👤 联系人：杨涤亚
- 📱 电　话：18971039875
- 📍 地　址：湖北省武汉市江岸区后湖街塔子湖东路 18 号塔子湖 J 地块项目一期 S 栋 B2 单元 20 层办公 11 号

武汉荷尖尖图书有限公司

- 联系人：倪　潇
- 电　话：13409659375
- 地　址：湖北省武汉市洪山区野芷湖西路 16 号高层办公楼 8 号楼 11 层
  1 室

武汉弘佳致兴文化传播有限公司

- 联系人：吴　涛
- 电　话：13377898988
- 地　址：湖北省武汉市武昌区徐家棚街道三角路村福星惠誉水岸国际 4 号
  地块 1 栋 26 层 8、9 室

武汉泓锦宏科技有限公司

- 联系人：吴　霞
- 电　话：18071121159
- 地　址：湖北省武汉市东湖新技术开发区关山大道 465 号中国光谷创意产
  业基地一号楼 1309-1310 室

武汉华大鸿图文化发展有限责任公司

- 联系人：刘从德
- 电　话：13507115437
- 地　址：湖北省武汉市洪山区珞瑜路 152 号华中师范大学内

武汉华简书业有限公司

- 联系人：邓祥明
- 电　话：18971192298
- 地　址：湖北省武汉市洪山区北港工业园文秀街 8 号天宇光电大厦 1 号楼
  2 楼

武汉华师师源图书有限公司

- 联系人：宋　勤
- 电　话：15387111999
- 地　址：湖北省武汉市江岸区后湖街黄浦科技园特 19 号 B 栋三层 318 号

武汉捷卓文化有限公司

👤 联系人：何家伦

📱 电　话：13419548082

📍 地　址：湖北省武汉市江汉区北湖小路 99 号硕湖苑 A 栋 21 层 2 室

武汉锦绣三江传媒有限公司

👤 联系人：王锦利

📱 电　话：13871013788

📍 地　址：湖北省武汉市洪山区李桥村融科智谷工业项目三期第 C5 号楼 5 层 2 研发号房

武汉京楚文都文化传播有限责任公司

👤 联系人：黄　宏

📱 电　话：13907126900

📍 地　址：湖北省武汉市武昌区东湖路 181 号楚天传媒大厦

武汉经典文化传媒集团有限公司

👤 联系人：金德洪

📱 电　话：13667278888

📍 地　址：湖北省武汉市硚口区武胜路 72 号泰合广场 16 层

武汉蓝卡卡文教用品有限公司

👤 联系人：熊兵成

📱 电　话：18672681788

📍 地　址：湖北省武汉市洪山区卓刀泉路 238 号雄楚天地 1 幢 7 层 5 号

武汉朗朗文化传媒有限公司

👤 联系人：朱家国

📱 电　话：15377071198

📍 地　址：湖北省武汉市东湖新技术开发区光谷大道 35 号银久科技产业园（2 期）5 栋 3 层 01 室 1 号

武汉理工大学出版社有限责任公司

👤 联系人：陈帅波

📱 电　话：15927175632

📍 地　址：湖北省武汉市理工大学出版社有限责任公司

武汉美和易思教育科技有限公司

👤 联系人：海克洪

📱 电　话：18627710060

📍 地　址：湖北省武汉市东湖新技术开发区北斗路 6 号武汉国家地球空间信息产业化基地（新区）一期 1.1 期 A14 栋 2 层 01 室

武汉奇达世纪教育科技有限公司

👤 联系人：胡　亮

📱 电　话：15671585936

📍 地　址：湖北省武汉市经济技术开发区 12C2 地块经开万达广场 B 区 S5-3 幢 6 层 B3-4 号房

武汉启智文化传媒有限公司

👤 联系人：董付军

📱 电　话：15327573048

📍 地　址：湖北省武汉市洪山区雄楚大街 268 号

武汉全品教育科技有限公司

👤 联系人：肖忠远

📱 电　话：15901533289

📍 地　址：湖北省武汉市洪山区文化大道路 555 号融科智谷工业项目（三期）C2 号楼 2 单元三层 312-21 号房

武汉仁教图书有限公司

👤 联系人：曹梦妮

📱 电　话：18627761333

📍 地　址：湖北省武汉市洪山区广八路翰林苑综合楼

武汉儒家文化传播有限公司

👤 联系人：熊兵成

📱 电　话：18672681788

📍 地　址：湖北省武汉市洪山区卓刀泉路 238 号雄楚天地 1 号楼 706-710 号

武汉森林雨文化传播有限公司

👤 联系人：贾丙红

📱 电　话：17702763323

📍 地　址：湖北省武汉市东西湖区三店农场五环时尚广场第 1、2 幢 1 号楼
单元 9 层办公 5、6 号房（10）

武汉山河华伦文化有限公司

👤 联系人：何家伦

📱 电　话：13419548082

📍 地　址：湖北省武汉市江岸区黄浦科技园特 19 号华中图书交易中心 A 栋
306 号

武汉世纪华阳文化有限公司

👤 联系人：华　蕊

📱 电　话：13971506652

📍 地　址：湖北省武汉市江岸区后湖乡石桥村黄埔科技园特 19 号华中图书
交易中心 B 栋二层 221 号

武汉市蔡甸区新华书店有限公司

👤 联系人：许美英

📱 电　话：13237158755

📍 地　址：湖北省武汉市蔡甸区三义街 42 号

武汉市雏鹰书刊有限公司

👤 联系人：司如波

📱 电　话：13808600149

📍 地　址：湖北省武汉市洪山区雄楚大街 268 号

武汉市东西湖区新华书店有限公司

👤 联系人：陈亚莉

📱 电　话：13871491808

📍 地　址：湖北省武汉市东西湖区临空港大道 174 号

武汉市汉南区新华书店有限公司

👤 联系人：傅　杰

📱 电　话：13397163920

📍 地　址：湖北省武汉市汉南区纱帽街月亮湾西路圣特立国际花园 29 栋 1-2 层 2 室

武汉市洪山兴华教育图书有限公司

👤 联系人：马涤吾

📱 电　话：13986150908

📍 地　址：湖北省武汉市洪山区雄楚大街 268 号文化批发市场

武汉市黄陂区新华书店有限公司

👤 联系人：丁　文

📱 电　话：13971140896

📍 地　址：湖北省武汉市黄陂区前川街向阳大道 358 号

武汉市江夏区新华书店有限公司

👤 联系人：易　辉

📱 电　话：13971019981

📍 地　址：湖北省武汉市江夏区纸坊街四贤路 2 号

武汉市金阶文化传播有限公司

👤 联系人：彭　刚

📱 电　话：13971145810

📍 地　址：湖北省武汉市江岸区后湖街黄浦科技园特 19 号华中图书交易中心 B 栋三层 318 号

武汉市科利德印务有限公司

👤 联系人：张同庆

📱 电　话：13807102112

📍 地　址：湖北省武汉市武昌区中南路 14 号

武汉市朗美图书有限责任公司

👤 联系人：何家伦

📱 电　话：13419548082

📍 地　址：湖北省武汉市江岸区后湖街黄浦科技园特 19 号华中图书交易中心 A 栋三层 307

武汉市天真教育科技有限公司

👤 联系人：肖　琴

📱 电　话：13871164016

📍 地　址：湖北省武汉市洪山区书城路 56 号昊天大厦 8 层

武汉市文丰图书有限公司

👤 联系人：张齐文

📱 电　话：13871429688

📍 地　址：湖北省武汉市洪山区雄楚大道 268 号

武汉市新新传媒集团有限公司

👤 联系人：王慧禹

📱 电　话：15971469040

📍 地　址：湖北省武汉市洪山区文化大道融创智谷 A10-3

武汉市新洲区新华书店有限公司

👤 联系人：熊　杰

📱 电　话：13517233638

📍 地　址：湖北省武汉市新洲区邾城街衡州大街 102 号

武汉市洋溢文化传播有限公司

👤 联系人：张玉欣
📱 电　话：13971186897
📍 地　址：湖北省武汉市东西湖区金银潭大道以南、宏图大道以西极地海洋馆商配套第 1 幢 / 单元 16 层商 18 号房

武汉市壹方林文化传播有限公司

👤 联系人：聂志刚
📱 电　话：18986279481
📍 地　址：湖北省武汉市江岸区塔子湖东路健美街 30 号立城中心 501

武汉市宇光图书报刊有限责任公司

👤 联系人：蔡咏秀
📱 电　话：13607163252
📍 地　址：湖北省武汉市洪山区雄楚大街 268 号

武汉市哲达文化传媒有限公司

👤 联系人：鲁风华
📱 电　话：13100616814
📍 地　址：湖北省武汉市江岸区后湖乡石桥村武汉图书大市场 D 栋 307 号

武汉双木桥教育发展有限责任公司

👤 联系人：王　莉
📱 电　话：15623888304
📍 地　址：湖北省武汉市洪山区书城路维佳创意大厦第二十一层（北边部分）

武汉四达外国语言文化研究有限公司

👤 联系人：张鑫友
📱 电　话：13607141496
📍 地　址：湖北省武汉东湖新技术开发区关东园路 2-2 号武汉光谷国际商会大厦 B 单元 20 层 09 号

武汉桃李在线文化传播有限公司

- 👤 联系人：柯红莲
- 📱 电　话：13554231968
- 📍 地　址：湖北省武汉市洪山区雄楚大街 268 号

武汉天成贵龙文化传播有限公司

- 👤 联系人：陈美珍
- 📱 电　话：15927388234
- 📍 地　址：湖北省武汉市东西湖区常青花园 8 号小区 9 层 1 室（18）

武汉童心童悦文化传播有限公司

- 👤 联系人：李　锐
- 📱 电　话：13886193918
- 📍 地　址：湖北省武汉市江岸区健康街 2 号塔子湖组团 I 地块 S3 栋办公 A 单元 15 层（3）号

武汉王后雄教育科技有限公司

- 👤 联系人：王义华
- 📱 电　话：18086113619
- 📍 地　址：湖北省武汉市洪山区南湖星光时代 12 层 12 号房

武汉沃德丰教育科技有限公司

- 👤 联系人：胡学礼
- 📱 电　话：13377887818
- 📍 地　址：湖北省武汉市洪山区李桥村融科智谷工业项目（三期）第 C5 号楼 14 层（3）研发号房

武汉熙怡文化传播有限公司

- 👤 联系人：程洪满
- 📱 电　话：13810727195
- 📍 地　址：湖北省武汉市东湖新技术开发区关山大道 355 号光谷新世界中心 A 地块写字楼 A 栋 3006 号

武汉小桔灯教育管理有限责任公司

👤 联系人：杨贤耀

📱 电　话：13071281410

📍 地　址：湖北省武汉市洪山区书城路维佳创意大厦第 21 层

武汉新华书店股份有限公司

👤 联系人：袁亚兵

📱 电　话：13707101045

📍 地　址：湖北省武汉市江岸区黄浦科技园特 11 号

武汉新路学业图书发行有限公司

👤 联系人：张承裕

📱 电　话：15927447897

📍 地　址：湖北省武汉市洪山区雄楚大街 268 号

武汉鑫众邦书业有限公司

👤 联系人：黄林中

📱 电　话：13407130387

📍 地　址：湖北省武汉市洪山区雄楚大街 268 号湖北出版文化城图书批发市
　　　　场 610 号

武汉学文文化发展有限公司

👤 联系人：陈必琴

📱 电　话：13871228501

📍 地　址：湖北省武汉市洪山区书城路 15 号武汉亿胜科楼技综合

武汉研耕文化传媒有限公司

👤 联系人：潘艳仙

📱 电　话：13971524651

📍 地　址：湖北省武汉市洪山区雄楚大街 268 号

武汉壹悦文化传播有限公司

👤 联系人：冯　娟

📱 电　话：13329701461

📍 地　址：湖北省武汉市江岸区塔子湖东路立诚中心 501

武汉亿童文教股份有限公司

- 👤 联系人：陈先新
- 📱 电　话：18291832786
- 📍 地　址：湖北省洪山区青菱都市工业园青菱河路 18 号 1-108

武汉英子文化传播有限公司

- 👤 联系人：严　英
- 📱 电　话：13507135981
- 📍 地　址：湖北省武汉市江汉区青年路 277 号湖北教育出版社 5 楼

武汉由点科技文化有限公司

- 👤 联系人：胡学礼
- 📱 电　话：13377887818
- 📍 地　址：湖北省武汉市洪山区李桥村融科智谷工业项目（三期）第 C5 号
  14 层（4）研发号房

武汉智诚康美文化传媒有限公司

- 👤 联系人：马昭力
- 📱 电　话：15972158177
- 📍 地　址：湖北省武汉市江汉区唐家墩路 7、9、11 号武汉菱角湖万达广场
  A3 单元 23 层 9 室

武汉众阅书香文化传媒有限公司

- 👤 联系人：王丽丽
- 📱 电　话：18971490256
- 📍 地　址：湖北省武汉市江夏经济开发区江夏大道汤逊湖民营工业园

武汉字里行间文化传媒有限公司

- 👤 联系人：张　雨
- 📱 电　话：15927093083
- 📍 地　址：湖北省武汉市东湖新技术开发区关南四路 35 号东港木业生产厂
  房 202-2（自贸区武汉片区）

煜新图书（武汉）有限公司

- 👤 联系人：王礼斌
- 📱 电　话：15107226669
- 📍 地　址：湖北省武汉市江汉区新华西路菱角湖万达广场 A 区第 A 幢 A3 单
元 13 层 12 号

中国地质大学出版社有限责任公司

- 👤 联系人：张　华
- 📱 电　话：18802710465
- 📍 地　址：湖北省武汉市洪山区鲁磨路 388 号中国地质大学（武汉）西区工
程实验楼 4 层 418 室

中国邮政集团公司宜昌市分公司

- 👤 联系人：喻明强
- 📱 电　话：17707115566
- 📍 地　址：湖北省宜昌市开发区发展大道 37 号

长沙天使文化股份有限公司

- 👤 联系人：彭美芳
- 📱 电　话：18900788651
- 📍 地　址：湖南省长沙市岳麓区银盆岭街道银杉路 31 号绿地时代广场 6 栋 2716 房

国防科技大学出版社

- 👤 联系人：罗　燕
- 📱 电　话：13487585855
- 📍 地　址：湖南省长沙市开福区德雅路 109 号

湖南大学出版社有限责任公司

- 👤 联系人：邹　彬
- 📱 电　话：0731-88822559
- 📍 地　址：湖南省长沙市岳麓区岳麓山（湖大校内）

湖南地图出版社有限责任公司

- 👤 联系人：龚　莉
- 📱 电　话：0731-85580682
- 📍 地　址：湖南省长沙市天心区芙蓉南路四段 158 号

湖南电子音像出版社有限责任公司

- 👤 联系人：唐　晓
- 📱 电　话：13975124137
- 📍 地　址：湖南省长沙市开福区月湖街道蒴园路 71 号马栏山信息中心 1 号栋 407 房

湖南科学技术出版社有限责任公司

- 联系人：童 雯
- 电 话：13875877187
- 地 址：湖南省长沙市开福区月湖街道甪园路 71 号马栏山信息中心 1 号栋 404 房

湖南美术出版社有限责任公司

- 联系人：姚 帆
- 电 话：15874216335
- 地 址：湖南省长沙市开福区月湖街道甪园路 71 号马栏山信息中心 1 号栋 417 房

湖南人民出版社有限责任公司

- 联系人：郭厚爽
- 电 话：15388040108
- 地 址：湖南省长沙市开福区月湖街道甪园路 71 号马栏山信息中心 1 号栋 401

湖南少年儿童出版社有限责任公司

- 联系人：邓 超
- 电 话：18374992121
- 地 址：湖南省长沙市开福区月湖街道甪园路 71 号马栏山信息中心 1 号栋 425 房

湖南师范大学出版社有限公司

- 联系人：徐江涛
- 电 话：0731-88872755
- 地 址：湖南省长沙市岳麓区麓山路 36 号湖南师范大学里仁楼

湖南文艺出版社有限责任公司

- 联系人：付 钦
- 电 话：18684683788
- 地 址：湖南省长沙市开福区月湖街道甪园路 71 号马栏山信息中心 1 号栋 419 房

湖南岳麓书社有限责任公司

- 联系人：王　翔
- 电　话：18073181081
- 地　址：湖南省长沙市开福区月湖街道葡园路 71 号马栏山信息中心 1 号栋 424 房

湘潭大学出版社有限责任公司

- 联系人：蒋海文
- 电　话：0731-58298961
- 地　址：湖南省湘潭市雨湖区羊牯塘（湘潭大学校内）

中南出版传媒集团股份有限公司

- 联系人：徐强平
- 电　话：18684831980
- 地　址：湖南省长沙市开福区文创路 6 号

中南出版传媒集团股份有限公司湖南教育出版社分公司

- 联系人：毛源坤
- 电　话：13875950835
- 地　址：湖南省长沙市开福区月湖街道葡园路 71 号马栏山信息中心 1 号栋 423 房

中南大学出版社有限责任公司

- 联系人：周　颖
- 电　话：0731-88876770
- 地　址：湖南省长沙市岳麓区中南大学主校内

广东省

东莞市翰普电子科技有限公司

- 👤 联系人：卢慧敏
- 📱 电　话：18689460982
- 📍 地　址：广东省东莞市塘厦镇新太阳工业城26、58栋

东莞市潇湘文化传播有限公司

- 👤 联系人：罗　岚
- 📱 电　话：13392300393
- 📍 地　址：广东省东莞市南城区鸿禧中心B617

广东大音音像出版社

- 👤 联系人：谢文勇
- 📱 电　话：020-83202416
- 📍 地　址：广东省广州市荔湾区百花路10号

广东高等教育出版社有限公司

- 👤 联系人：刘鸿滨
- 📱 电　话：020-87553335
- 📍 地　址：广东省广州市天河区广州大道中1268号大院内20栋

广东教育出版社有限公司

- 👤 联系人：伍维才
- 📱 电　话：020-87611080
- 📍 地　址：广东省广州市越秀区环市东路472号12至15楼

广东科技出版社有限公司

- 👤 联系人：沈燕春
- 📱 电　话：020-37592148
- 📍 地　址：广东省广州市越秀区环市东路水荫路11号9-10楼

广东岭南美术出版社有限公司

- 👤 联系人：符绮珩
- 📱 电　话：020-83335693
- 📍 地　址：广东省广州市越秀区文德北路 170 号三楼

广东旅游出版社有限公司

- 👤 联系人：陈邦煜
- 📱 电　话：15120866858
- 📍 地　址：广东省广州市荔湾区沙面北街 71 号首、二层

广东南方日报出版社有限公司

- 👤 联系人：黎娟玲
- 📱 电　话：13660886728
- 📍 地　址：广东省广州市越秀区广州大道中 289 号 19 楼

广东牛耳文化传播有限公司

- 👤 联系人：袁　杨
- 📱 电　话：13533535552
- 📍 地　址：广东省广州市天河区车陂路 586 号狮子园文化创意园 B 栋 403 房

广东起点严选供应链有限公司

- 👤 联系人：许云飞
- 📱 电　话：18802035481
- 📍 地　址：广东省广州市海珠区华洲路 162 号 107 室之一

广东人民出版社有限公司

- 👤 联系人：潘家志
- 📱 电　话：020-83780517
- 📍 地　址：广东省广州市越秀区大沙头四马路 10 号

广东省地图出版社有限公司

- 👤 联系人：郭永茂
- 📱 电　话：020-87699191
- 📍 地　址：广东省广州市越秀区水荫路 35 号 5 栋

广东新世纪出版社有限公司

👤 联系人：杨　雄

📱 电　话：19876705758

📍 地　址：广东省广州市越秀区大沙头四马路 12 号 2 号楼

广东羊城晚报出版社有限公司

👤 联系人：毕启波

📱 电　话：020-85547565

📍 地　址：广东省广州市越秀区东风东路 733（1）号 20 楼

广州笨笨狼文化发展有限公司

👤 联系人：王红太

📱 电　话：15818115266

📍 地　址：广东省广州市黄埔区锐丰三街 4 号 2110 房（仅限办公）

广州出版社有限公司

👤 联系人：张小凡

📱 电　话：13631336462

📍 地　址：广东省广州市天河区天润路 87 号

广州暨南大学出版社有限责任公司

👤 联系人：李小凡

📱 电　话：13825002221

📍 地　址：广东省广州市天河区暨南大学西门离退休教职工活动综合楼 5-9 楼

广州蓝洋文化传播有限公司

👤 联系人：杨　欢

📱 电　话：13570255397

📍 地　址：广东省广州市番禺区新造镇思科智慧城 A5 座 9 楼

广州启合科技有限公司

👤 联系人：欧阳璐析

📱 电　话：15220014113

📍 地　址：广东省广州市海珠区芳园路 138 号 901 室、906 室、907 室

广州市广智科图软件有限公司

- 👤 联系人：向　群
- 📱 电　话：13380057365
- 📍 地　址：广东省广州市天河区东圃大马路一横路 23 号时代 TIT 广场 A 座 428 房

广州市晴川高新技术开发有限公司

- 👤 联系人：晴　川
- 📱 电　话：13246887260
- 📍 地　址：广东省广州市天河区中山大道中 138 号汇勤楼叁楼 301 房

广州天闻角川动漫有限公司

- 👤 联系人：彭小姐
- 📱 电　话：13763353668
- 📍 地　址：广东省广州市天河区黄埔大道中 309 号 3-07C

广州中山大学出版社有限公司

- 👤 联系人：梁淑珍
- 📱 电　话：13808877446
- 📍 地　址：广东省广州市海珠区新港西路 135 号东北区 348 栋第一教学楼后座 中山大学出版社发行部

好易好（深圳）教育科技有限公司

- 👤 联系人：李仕高
- 📱 电　话：18664568268
- 📍 地　址：广东省深圳市宝安区福海街道华丰科技园六层

花城出版社

- 👤 联系人：蔡　彬
- 📱 电　话：020-37602954
- 📍 地　址：广东省广州市越秀区环市东水荫路１１号

华南理工大学出版社有限公司

👤 联系人：陈华霞
📱 电　话：18620216716
📍 地　址：广东省广州市天河区华南理工大学 17 号楼

南方传媒股份有限公司

👤 联系人：余明浩
📱 电　话：13560013796
📍 地　址：广东省广州市越秀区水荫路 11 号

汕头大学出版社有限公司

👤 联系人：邹　峰
📱 电　话：020-37613848
📍 地　址：广东省汕头大学校内五号楼

善本文化产业（广州）有限公司

👤 联系人：胡振华
📱 电　话：15915868160
📍 地　址：广东省广州市白云区金沙洲路安宁街 9 号之一 7 楼

深圳报业集团出版社有限公司

👤 联系人：黄　聪
📱 电　话：15013789831
📍 地　址：广东省深圳市福田区商报路 2 号商报大厦印务楼三楼

深圳出版社有限责任公司

👤 联系人：张　欣
📱 电　话：15820758910
📍 地　址：广东省深圳市福田区彩田南路海天综合大厦 7-8 楼

深圳市福圣印刷有限公司

👤 联系人：邢　哲
📱 电　话：13694281549
📍 地　址：广东省深圳市龙华区龙苑大道福威智工业区 3 栋

深圳市三采互联网文化科技有限公司

👤 联 系 人：赖柳君

📱 电　话：13590205816

📍 地　址：广东省深圳市南山区侨香路侨城坊 7 栋 10 楼

深圳市童儿乐文化科技有限公司

👤 联 系 人：许贵宝

📱 电　话：15811823397

📍 地　址：广东省深圳市龙岗区中兴路百盛大厦 B 座 302

深圳市卓颖软件开发有限公司

👤 联 系 人：罗颖芬

📱 电　话：18922851373

📍 地　址：广东省深圳市龙华区梅龙大道龙湖君荟 B 座 1921

世界图书出版广东有限公司

👤 联 系 人：李瑞娟

📱 电　话：020-84460421

📍 地　址：广东省广州市海珠区新港西路大江冲 25 号

天大文化控股（中国）股份有限公司

👤 联 系 人：张丽丽

📱 电　话：18611122859

📍 地　址：广东省深圳市南山区沙河街道光华街社区开平街 2 号华侨城中旅
　　　　仓 G1 栋 401

广西壮族自治区

广西国文书店有限公司

- 👤 联系人：曾庆明
- 📱 电　话：18077166888
- 📍 地　址：广西壮族自治区南宁市青秀区新民路4号华星时代广场第四层
  17-42轴间B区18-19号

广西恒熙教苑集团有限公司

- 👤 联系人：黄伊娜
- 📱 电　话：13627713076
- 📍 地　址：广西壮族自治区南宁市青秀区中东路8号龙光世纪1号楼三十五
  层3507号办公室

广西教育出版社有限公司

- 👤 联系人：李宏波
- 📱 电　话：13788300305
- 📍 地　址：广西壮族自治区南宁市青秀区鲤湾路8号

广西金海湾电子音像出版社有限公司

- 👤 联系人：黄新波
- 📱 电　话：0771-5857012
- 📍 地　址：广西壮族自治区南宁市青秀区星湖路69号1栋2单元

广西科学技术出版社有限公司

- 👤 联系人：刘土坤
- 📱 电　话：18878720779
- 📍 地　址：广西壮族自治区南宁市青秀区东葛路66号

广西漓江书院文化传播有限公司

👤 联系人：于媛媛

📱 电　话：17758699891

📍 地　址：广西壮族自治区南宁市青秀区民族大道 146 号 016-026 号

广西美术出版社有限公司

👤 联系人：黄丽伟

📱 电　话：13707710948

📍 地　址：广西壮族自治区南宁市青秀区望园路 9 号

广西民生文化教育传媒集团有限责任公司

👤 联系人：卢　勇

📱 电　话：13878896626

📍 地　址：广西壮族自治区南宁市青秀区新民路 4 号华星时代广场第四层
　　　　17-42 轴间 B 区 1-4 号、14 号

广西民族出版社

👤 联系人：覃春华

📱 电　话：13878133937

📍 地　址：广西壮族自治区南宁市青秀区桂春路 3 号

广西人民出版社有限公司

👤 联系人：张记聪

📱 电　话：18376687067

📍 地　址：广西壮族自治区南宁市青秀区桂春路 6 号

广西师范大学出版社集团广西独秀书房图书有限公司

👤 联系人：容　罡

📱 电　话：13507736209

📍 地　址：广西壮族自治区桂林市七星区五里店路 9 号（出版大厦 1 楼）

广西师范大学出版社集团有限公司

👤 联系人：谢　萍

📱 电　话：13788586774

📍 地　址：广西壮族自治区桂林市七星区五里店路 9 号

广西韬智文化传播有限公司

- 👤 联系人：邹才仁
- 📱 电　话：18978910464
- 📍 地　址：广西壮族自治区南宁市青秀区通福路 177 号韬智园

广西现代教育文化发展集团有限公司

- 👤 联系人：农卡营
- 📱 电　话：18607806075
- 📍 地　址：广西壮族自治区南宁市鲁班路 95 号南宁禾田信息港 4 号研发办公楼二十二层 2201 号

接力出版社有限公司

- 👤 联系人：付聿明
- 📱 电　话：18697996919
- 📍 地　址：广西壮族自治区南宁市青秀区园湖南路 9 号

漓江出版社有限公司

- 👤 联系人：李　蕊
- 📱 电　话：18677146960
- 📍 地　址：广西壮族自治区桂林市南环路 22 号

南宁时代博览图书有限公司

- 👤 联系人：周　良
- 📱 电　话：13978865003
- 📍 地　址：广西壮族自治区南宁市青秀区新民路 4 号华星时代广场四层 17-42 轴间 C 区 8.9.18 号

海南出版社有限公司

👤 联系人：兰志梅

📱 电　话：13683253136

📍 地　址：海南省海口市金盘开发区建设三横路 2 号

海南电子音像出版社有限公司

👤 联系人：丁桂芳

📱 电　话：0898-66184232

📍 地　址：海南省海口市金盘开发区建设三横路 2 号

南方出版社有限公司

👤 联系人：刘　妮

📱 电　话：0898-66160851

📍 地　址：海南省海口市和平大道 66 号宝安江南城一期公寓楼

南海出版公司

👤 联系人：张　媛

📱 电　话：0898-66568505

📍 地　址：海南省海口市海秀中路 51-1 号星城大厦第 5 层 5A 房

重庆市

西南大学出版社有限公司

👤 联系人：杨　进

📱 电　话：13678453058

📍 地　址：重庆市北碚区天生路 2 号

重庆出版社有限责任公司

👤 联系人：刘　媛

📱 电　话：13883234040

📍 地　址：重庆市南岸区南滨路 162 号 1 幢

重庆大学出版社有限公司

👤 联系人：杨莎莎

📱 电　话：13635490660

📍 地　址：重庆市沙坪坝区大学城西路 21 号

重庆指文化行文化传播有限公司

👤 联系人：陈　晶

📱 电　话：18631182891

📍 地　址：重庆市渝北区洪湖西路 18 号

四川省

巴蜀书社

- 联系人：聂晓丽
- 电　话：13608190117
- 地　址：四川省成都市锦江区工业园区三色路 238 号 1 栋 1 单元 35 层

成都采薇书院文化艺术有限公司

- 联系人：王　强
- 电　话：18901391923
- 地　址：四川省成都市中国四川自由贸易试验区成都高新区天府大道北段 1700 号 9 栋 1 单元 21 层 2114 号

成都地图出版社

- 联系人：徐　松
- 电　话：15884426426
- 地　址：四川省成都市龙泉驿区龙泉镇建设路 2 号

成都电子科大出版社有限责任公司

- 联系人：陈松明
- 电　话：13808097339
- 地　址：四川省成都市成华区建设北路二段四号

成都时代出版社有限公司

- 联系人：周佑谦
- 电　话：13908073291
- 地　址：四川省成都市锦江区红星路二段 159 号 5 楼

成都西南交大出版社有限公司

- 联系人：刘欣宇
- 电 话：13072880000
- 地 址：四川省成都市金牛区环交大智慧城二环路北一段 111 号西南交通
  大学创新大厦 2101 号

成都小锐电子商务有限公司

- 联系人：周姣姣
- 电 话：15680362965
- 地 址：四川省成都市青羊区日月大道一段 1501 号万和中心 2-1609

四川巴蜀书社有限公司

- 联系人：聂晓丽
- 电 话：13608190117
- 地 址：四川省成都市锦江区

四川辞书出版社有限公司

- 联系人：李 晓
- 电 话：13308089871
- 地 址：四川省成都市锦江区工业园区三色路 238 号 1 栋 1 单元 36 层

四川大学出版社有限责任公司

- 联系人：陈 静
- 电 话：18980937673
- 地 址：四川省成都市武侯区一环路南一段 24 号

四川读者报社有限公司

- 联系人：陈亚欣
- 电 话：028-86272070-816
- 地 址：四川省成都市锦江区三色路 238 号 1 栋 1 单元 37 层

四川华夏万卷文化传媒股份有限公司

- 联系人：何 沙
- 电 话：18628277758
- 地 址：四川省成都市武侯区天泰路 145 号特拉克斯国际广场 7/8 楼

四川画报社有限公司

- 联系人：李亚平
- 电　话：028-82009100-842
- 地　址：四川省成都市锦江区蜀都大道总府街 7 号

四川教育出版社有限公司

- 联系人：梁　晶
- 电　话：15208205647
- 地　址：四川省成都市锦江区三色路 238 号 1 栋 1 单元 13 层、14 层

四川科幻世界传播有限责任公司

- 联系人：李　忆
- 电　话：13551006521
- 地　址：四川省成都市武侯区人民南路四段 11 号

四川科学技术出版社有限公司

- 联系人：李　卫
- 电　话：18908034803
- 地　址：四川省成都市锦江区工业园区三色路 238 号 1 栋 1 单元 A 座 25 楼

四川美术出版社

- 联系人：邱　炯
- 电　话：13688094387
- 地　址：四川省成都市锦江区工业园区三色路 238 号 1 栋 1 单元 22 层

四川民族出版社

- 联系人：泽仁扎西
- 电　话：028-80640507
- 地　址：四川省成都市青羊区敬业路 108 号 2 栋 9 楼

四川人民出版社

- 联系人：周晓琴
- 电　话：13618082832
- 地　址：四川省成都市锦江区三色路 238 号 1 栋 1 单元 33 层

四川少年儿童出版社有限公司

👤 联系人：杨荷初

📱 电　话：13980599926

📍 地　址：四川省成都市锦江区三色路 238 号新华之星 A 座 23 层

四川天地出版社有限公司

👤 联系人：杨　敏

📱 电　话：13540170502

📍 地　址：四川省成都市锦江区工业园区三色路 238 号 1 栋 1 单元

四川文艺出版社有限公司

👤 联系人：杨立泉

📱 电　话：15902886591

📍 地　址：四川省成都市锦江区工业园区三色路 238 号 1 栋 1 单元 25 层

四川摘星图书有限公司

👤 联系人：张　盈

📱 电　话：18584893307

📍 地　址：四川省成都市温江区光华大道三段 1868 号德坤·新天地 2 幢 1
单元 23 层 2301 号

西南财经大学出版社

👤 联系人：张　博

📱 电　话：18615788865

📍 地　址：四川省成都市青羊区光华村街 55 号

新华文轩出版传媒股份有限公司

👤 联系人：李润权

📱 电　话：15208217774

📍 地　址：四川省成都市锦江区三色路 238 号 1 栋 1 单元

重庆幼时文化传播有限公司

👤 联系人：周　皎

📱 电　话：15892447632

📍 地　址：四川省成都市青羊区万和中心 1 栋 503

贵州出版集团有限公司

- 👤 联系人：周泓林
- 📱 电　话：13984355557
- 📍 地　址：贵州省贵阳市观山湖区长岭北路贵阳国际会议展览中心 D 区 D1 栋

贵州大学出版社有限责任公司

- 👤 联系人：马芸婷
- 📱 电　话：0851-5988369
- 📍 地　址：贵州省贵阳市花溪区原贵州大学

贵州教育出版社有限公司

- 👤 联系人：杨永红
- 📱 电　话：0851-8654676
- 📍 地　址：贵州省贵阳市观山湖区贵阳国际会议展览中心

贵州科技出版社有限公司

- 👤 联系人：张　波
- 📱 电　话：0851-6828505
- 📍 地　址：贵州省贵阳市观山湖区长岭北路贵阳国际会议展览中心

贵州民族出版社有限公司

- 👤 联系人：盘　军
- 📱 电　话：0851-6826871
- 📍 地　址：贵州省贵阳市观山湖区会展东路贵州出版集团大楼

贵州人民出版社有限公司

- 👤 联系人：陈亚昆
- 📱 电　话：0851-6823552
- 📍 地　址：贵州省贵阳市云岩区中华北路

云南晨光出版社有限责任公司

👤 联系人：秦锋雪

📱 电　话：13888381614

📍 地　址：云南省昆明市环城西路 609 号晨光出版社

云南出版集团有限责任公司

👤 联系人：付　涛

📱 电　话：13888091221

📍 地　址：云南省昆明市西山区环城西路 609 号

云南大学出版社有限责任公司

👤 联系人：孙云峰

📱 电　话：13888995069

📍 地　址：云南省昆明市五华区一二一大街 182 号云南大学英华园内

云南教育出版社有限责任公司

👤 联系人：王云勃

📱 电　话：0871-64136376

📍 地　址：云南省昆明市环城西路 609 号

云南科技出版社有限责任公司

👤 联系人：赵伟力

📱 电　话：0871-64120150

📍 地　址：云南省昆明市环城西路 609 号

云南美术出版社有限责任公司

👤 联系人：高剑坤

📱 电　话：0871-64107562

📍 地　址：云南省昆明市环城西路 609 号

云南民族出版社

👤 联系人：晏麟德

📱 电　话：0871-65321849

📍 地　址：云南省昆明市环城西路 170 号云南民族大厦五楼

云南人民出版社有限责任公司

👤 联系人：关连生

📱 电　话：0871-64108507

📍 地　址：云南省昆明市环城西路 609 号

西藏自治区

西藏人民出版社

- 联系人：旺　堆
- 电　话：13908988300
- 地　址：西藏自治区拉萨市林廓北路 20 号

西藏天利教育科技有限公司

- 联系人：王新宇
- 电　话：13811379759
- 地　址：西藏自治区拉萨经济技术开发区 B 区拉青西一路 8 号西藏印刷产
  业基地办公楼 A 栋 108 室

西藏音像出版社

- 联系人：蔡晓龙
- 电　话：0891-6832173
- 地　址：西藏自治区拉萨市北京中路 41 号

西藏自治区藏文古籍出版社

- 联系人：张　丽
- 电　话：0891-6765283
- 地　址：西藏自治区拉萨市色拉路 4 号

陕西省

第四军医大学出版社

- 👤 联系人：曹江涛
- 📱 电　话：18392891541
- 📍 地　址：陕西省西安市长乐西路 169 号

飞鹰（西安）信息科技股份有限公司

- 👤 联系人：刘利军
- 📱 电　话：13335388080
- 📍 地　址：陕西省西安经济技术开发区凤城二路 10 号天地时代广场 1 幢

秒懂教育科技（西安）集团有限公司

- 👤 联系人：刘利军
- 📱 电　话：13335388080
- 📍 地　址：陕西省西安经济技术开发区凤城二路 10 号天地时代广场 1 幢

荣信教育文化产业发展股份有限公司

- 👤 联系人：蔡小婷
- 📱 电　话：18092638712
- 📍 地　址：陕西省西安市高新区软件新城天谷八路国家数字出版基地南区

陕西摆渡船文化传媒有限公司

- 👤 联系人：许艳梅
- 📱 电　话：18681880531
- 📍 地　址：陕西省西安市未央区六村堡物流园一干路 8 号

陕西博求知文化发展有限公司

- 👤 联系人：李文鹏
- 📱 电　话：13720553399
- 📍 地　址：陕西省西安市高新区科技路亚美大厦

陕西晨星图书有限公司

👤 联系人：王得国

📱 电　话：13261390999

📍 地　址：陕西省西安市新城区解放路 318 号西安书林 3 楼 4 号

陕西诚品教育科技有限公司

👤 联系人：吴小忆

📱 电　话：18202900111

📍 地　址：陕西省西安市未央区政法巷未央大厦 A 座

陕西第四军医大学出版社

👤 联系人：曹江涛

📱 电　话：18392891541

📍 地　址：陕西省西安市长乐西路 169 号

陕西东苑文化传媒有限公司

👤 联系人：苏　燕

📱 电　话：18192530785

📍 地　址：陕西省雁塔区南飞鸿广场 6 号楼 1 单元 1005 号

陕西飞祥文化传媒有限公司

👤 联系人：孔祥展

📱 电　话：13891940940

📍 地　址：陕西省雁塔区翠华南路 60 号

陕西飞扬书业有限责任公司

👤 联系人：杨鸣远

📱 电　话：13909266147

📍 地　址：陕西省西安市雁塔区吉祥路 298 号长海大厦 16 层

陕西光明精典图书有限公司

👤 联系人：祝　愿

📱 电　话：13088961983

📍 地　址：陕西省西安市新城区解放路 318 号西安书林

陕西合创非凡图书发行有限公司

- 联系人：王林强
- 电　话：18706880957
- 地　址：陕西省西安市新城区尚勤路【百瑞大厦】一层

陕西恒谦出版物发行有限公司

- 联系人：方　曦
- 电　话：13991944447
- 地　址：陕西省西安市凤城一路 8 号御道华城 A 座 11003 室

陕西鸿创智达教育科技有限公司

- 联系人：王栀璟璇
- 电　话：15002911368
- 地　址：陕西省西安市未央区梨园路和生国际 5 层 B-31 号

陕西华文图书有限公司

- 联系人：余志文
- 电　话：13909239353
- 地　址：陕西省西安市新城区百瑞大厦一层 10101-2

陕西华之慧传媒有限公司

- 联系人：郑　娇
- 电　话：15529341666
- 地　址：陕西省西安市新城区解放路 318 号西安书刊批发市场 1 楼 9 号

陕西慧声图书发行有限公司

- 联系人：李　诚
- 电　话：13119169449
- 地　址：陕西省西安市新城区西苑大厦

陕西嘉汇汉唐图书发行有限责任公司

- 联系人：唐代伟
- 电　话：13909245577
- 地　址：陕西省西安市雁塔区长安中路 111 号

陕西经纬图书报刊发行有限公司

- 👤 联系人：李宝安
- 📱 电　话：13572120508
- 📍 地　址：陕西省西安市新城区解放路 318 号三楼 48 号

陕西巨微图书文化传播有限公司

- 👤 联系人：陶　玺
- 📱 电　话：17802970309
- 📍 地　址：陕西省西安市高新区高新六路万象汇街区 2 号楼 15 层 1501 号

陕西隽恒文化发展有限公司

- 👤 联系人：张　佩
- 📱 电　话：15309273053
- 📍 地　址：陕西省西安市曲江新区曲江街道黄渠头二路 888 号唐顿庄园

陕西科学技术出版社有限责任公司

- 👤 联系人：周　勇
- 📱 电　话：13892851665
- 📍 地　址：陕西省西安市曲江新区登高路 1388 号

陕西蓝色畅想图书发行有限公司

- 👤 联系人：李　鹏
- 📱 电　话：18591971677
- 📍 地　址：陕西省西安市雁塔区南二环西段 88 号老三届世纪星大厦 19 层

陕西旅游出版社有限责任公司

- 👤 联系人：赵　静
- 📱 电　话：15389272285
- 📍 地　址：陕西省西安市曲江新区登高路 1388 号 B 座 20-22 层

陕西品鉴文化传媒有限公司

- 👤 联系人：张兆合
- 📱 电　话：18291019999
- 📍 地　址：陕西省西安市高新区逸翠园 i 都会 1 号楼 2 单元 1411 室

陕西青山岳文化传媒有限公司

- 联系人：刘思拓
- 电　话：13991994311
- 地　址：陕西省西安市沣东新城赵家堡工业园 D 区，号北园

陕西人民出版社有限责任公司

- 联系人：张继全
- 电　话：13991297337
- 地　址：陕西省西安市北大街 147 号

陕西人民教育出版社有限责任公司

- 联系人：徐纪厂
- 电　话：15191419571
- 地　址：陕西省西安市高新区丈八五路 58 号

陕西人民美术出版社有限责任公司

- 联系人：周　舰
- 电　话：15529277799
- 地　址：陕西省西安市曲江新区登高路 1388 号 B 座 17 层 1708 室

陕西荣轩教育科技有限公司

- 联系人：马爱民
- 电　话：13991826281
- 地　址：陕西省西安市解放路陆港公寓 1 层 1 号

陕西睿智图书文化传播有限公司

- 联系人：杨建锋
- 电　话：13572827237
- 地　址：陕西省西安市新城区解放路 318 号 3-33

陕西三秦出版社有限责任公司

- 联系人：李承喜
- 电　话：13319289553
- 地　址：陕西省西安市曲江新区登高路 1388 号 B 座 1416

陕西省出版物发行协会

- 联系人：王建林
- 电　话：13991987627
- 地　址：陕西省西安市莲湖路 135 号（省新华书店家属院内二楼）

陕西省图书有限公司（国有书业）

- 联系人：任东军
- 电　话：13891986292
- 地　址：陕西省西安市雁塔区南二环 78 号中国民生银行大厦 12 楼

陕西省新雨图书发行有限公司

- 联系人：刘馨杰
- 电　话：13572971339
- 地　址：陕西省西安市新城区解放路 318 号二层

陕西师范大学出版总社有限公司

- 联系人：徐小亮
- 电　话：15829362736
- 地　址：陕西省西安市雁塔区长安南路 199 号

陕西书雅图书文化传媒有限公司

- 联系人：温亚娟
- 电　话：13669201910
- 地　址：陕西省西安市碑林区长安北路大话南门壹中心 901

陕西太白文艺出版社有限责任公司

- 联系人：马　磊
- 电　话：15202936058
- 地　址：陕西省西安市曲江新区登高路 1388 号

陕西天宝科教设备有限公司

- 联系人：李开梅
- 电　话：18710892888
- 地　址：陕西省西安市碑林区红缨路 158 号 5 号楼 3 单元 402 室

陕西天成润华文化传播有限公司

- 👤 联系人：张　新
- 📱 电　话：18092062923
- 📍 地　址：陕西省西安市新城区东八路西苑大厦

陕西天成图书发展有限公司

- 👤 联系人：吕继华
- 📱 电　话：15319959089
- 📍 地　址：陕西省西安市新城区解放路 318 号

陕西天河文化有限责任公司

- 👤 联系人：刘　战
- 📱 电　话：13991915233
- 📍 地　址：陕西省西安市雁塔区吉祥路 298 号长海大厦 17 层 1706 室

陕西天启发行有限公司

- 👤 联系人：杨　涛
- 📱 电　话：13359222962
- 📍 地　址：陕西省西安市未央区梨园路和生国际商品交易中心五楼 5B-01

陕西天瑞达电子科技有限公司

- 👤 联系人：王　娟
- 📱 电　话：17719509778
- 📍 地　址：陕西省西安市新城区向荣街小区 3 号楼

陕西万邦图书城有限公司

- 👤 联系人：张建军
- 📱 电　话：13892845022
- 📍 地　址：陕西省西安市雁塔区小寨兴善寺东街 6 号 7B-012

陕西未来出版社有限责任公司

- 👤 联系人：李桂珍
- 📱 电　话：13991132509
- 📍 地　址：陕西省西安市雁塔区曲江新区登高路 1388 号陕西新华出版传媒
  大厦 A 座

陕西未来闻友科技有限公司

👤 联系人：兰　悦

📱 电　话：18292761840

📍 地　址：陕西省西安市高新区高新四路一号高科广场 A 座 1508

陕西文诚图书发行有限公司

👤 联系人：黄翠莲

📱 电　话：13186140176

📍 地　址：陕西省西安市新城区解放路 318 号一楼 15 号

陕西文和天下文化传播有限公司

👤 联系人：党丽萍

📱 电　话：13319202557

📍 地　址：陕西省西安市雁塔区电子二路 12 号

陕西星悦辰文化发展有限公司

👤 联系人：秦高峰

📱 电　话：13772119921

📍 地　址：陕西省新城区尚勤路 16 号百瑞大厦一楼

陕西医导文化传媒有限公司

👤 联系人：张帅林

📱 电　话：029-87323676

📍 地　址：陕西省西安市未央区辛王路西安医学院未央校区体育场西南角

陕西医教书城图书发行有限公司

👤 联系人：阎　静

📱 电　话：18089260563

📍 地　址：陕西省西安市未央区梨园路和生国际五层中厅西

陕西赢葱逗哥文化传媒股份有限公司

👤 联系人：张　楠

📱 电　话：15929304000

📍 地　址：陕西省西安市雁塔区高新科技路 305 号大都荟 C 坐 1908

陕西友杰教育科技有限责任公司

- 联系人：崔　月
- 电　话：17791457573
- 地　址：陕西省西安市曲江新区翠华南路 1819 号产业园 10-02

陕西远卓文化传播有限公司

- 联系人：崔晓民
- 电　话：029-85516672
- 地　址：陕西省西安市雁塔区昆明路 330 号

陕西志立文化发展有限公司

- 联系人：关志立
- 电　话：13572273628
- 地　址：陕西省西安市新城区解放路 318 号书刊批发市场 3 楼 45 号

陕西智慧教装文化传媒有限公司

- 联系人：王　萍
- 电　话：13379017313
- 地　址：陕西西安市新城区东七路百瑞大厦 B 区

陕西中教新联文化传播有限公司

- 联系人：仝　强
- 电　话：18691986789
- 地　址：陕西省西安市太白南路云图中心 1907

上谷商贸（西安）有限公司

- 联系人：夏　姣
- 电　话：15191911819
- 地　址：陕西省西安市莲湖区北大街 59 号人民剧院南三楼

神木市美文工贸有限公司

- 联系人：张子清
- 电　话：13399124893
- 地　址：陕西省神木市滨河新区杨业大街凯信轩图书文饰城。

万向思维教育科技集团（西安）股份有限公司

👤 联系人：刘利军

📱 电　话：13335388080

📍 地　址：陕西省西安经济技术开发区凤城二路 10 号天地时代广场 1 幢

五育融创（西安）文化发展有限公司

👤 联系人：李　璇

📱 电　话：029-86570528 转 808　13720515665

📍 地　址：陕西省西安市凤城一路 8 号御道华城 A 座 1002 室

西安出版社有限责任公司

👤 联系人：索新革

📱 电　话：13032904317

📍 地　址：陕西省西安市雁塔区雁南五路曲江影视大厦 11 层

西安地图出版社有限公司

👤 联系人：王　艳

📱 电　话：15991276318

📍 地　址：陕西省西安市碑林区友谊东路 334 号

西安电子科技大学出版社有限公司

👤 联系人：陆　滨

📱 电　话：13892876826

📍 地　址：陕西省西安市雁塔区科技路 41 号

西安恒谦教育科技股份有限公司

👤 联系人：方　可

📱 电　话：18066520005

📍 地　址：陕西省西安市凤城一路 8 号御道华城 A 座 10 层 1001 号

西安华文教育科技有限公司

👤 联系人：刘启龙

📱 电　话：18691896867

📍 地　址：陕西省西安市灞桥区席王街道杨疙塔村 66 号付 1 号

西安交通大学出版社有限责任公司

- 👤 联系人：周 洋
- 📱 电 话：13891949309
- 📍 地 址：陕西省西安市兴庆南路 1 号交大出版传媒大厦

西安瓢虫出版传媒有限公司

- 👤 联系人：蔡宇峰
- 📱 电 话：15529341666
- 📍 地 址：陕西省西安市高新区丈八一路 6 号绿地 SOHO 同盟 A 座 1903

西安曲江培豪出版传媒有限公司

- 👤 联系人：屈小君
- 📱 电 话：13909210114
- 📍 地 址：陕西省西安市曲江新区芙蓉西路中海城凯旋门 1 幢 10103 室

西安荣恒文化传播有限公司

- 👤 联系人：白博阳
- 📱 电 话：18966992876
- 📍 地 址：陕西省西安市莲湖区劳动北路龙毓生活广场二楼 4 号

西安瑞新文化发展有限公司（国有书业）

- 👤 联系人：曾满园
- 📱 电 话：18049576860
- 📍 地 址：陕西省西安市新城区解放路 236 号图书大厦 801 室

西安盛世文源文化传播有限公司

- 👤 联系人：徐 飞
- 📱 电 话：17792592582
- 📍 地 址：陕西省西安市新城区西苑大厦

西安数图网络科技有限公司

- 👤 联系人：朱 飞
- 📱 电 话：18966663636
- 📍 地 址：陕西省西安市高新区丈八四路 12 号高科尚都摩卡 1 栋 25 层

西安易点软件科技文化有限公司

👤 联系人：张雨盈

📱 电　话：18700198158

📍 地　址：陕西省西安市莲湖区莲湖路 137 号省新华书店家属区

西安优智出版传媒有限公司

👤 联系人：程敬华

📱 电　话：17782953915

📍 地　址：陕西省西安市国家民用航天产业基地航天中路 385 号 1308

西北大学出版社有限责任公司

👤 联系人：易　洋

📱 电　话：13359258638

📍 地　址：陕西省西安市碑林区太白北路 229 号

西北工业大学出版社有限公司

👤 联系人：李　杰

📱 电　话：13891433890

📍 地　址：陕西省西安市碑林区友谊西路 127 号西北工业大学求海楼

西北农林科技大学出版社有限公司

👤 联系人：李洁苗

📱 电　话：13700241411

📍 地　址：陕西省咸阳市杨陵区西农路 22 号（西北农林科技大学北校区）

甘肃省

读者出版传媒股份有限公司

- 联系人：强海平
- 电　话：15294244420
- 地　址：甘肃省兰州市城关区南滨河东路 520 号

敦煌文艺出版社

- 联系人：董宏强
- 电　话：0931-8773236
- 地　址：甘肃省兰州市城关区南滨河东路 520 号

甘肃教育出版社有限责任公司

- 联系人：康树红
- 电　话：0931-8773056
- 地　址：甘肃省兰州市城关区南滨河东路 520 号

甘肃科学技术出版社有限责任公司

- 联系人：陈　槟
- 电　话：0931-8773230
- 地　址：甘肃省兰州市城关区南滨河东路 520 号

甘肃民族出版社有限责任公司

- 联系人：孙　燕
- 电　话：0931-8773271
- 地　址：甘肃省兰州市城关区南滨河东路 520 号

甘肃人民出版社有限责任公司

- 联系人：陈拥军
- 电　话：0931-8773301
- 地　址：甘肃省兰州市城关区南滨河东路 520 号

甘肃沙地文化发展有限公司

- 👤 联系人：郝　铉
- 📱 电　话：13911931676
- 📍 地　址：甘肃省兰州市城关区雁滩路 3884 号 4 号楼 A 区 432 室

甘肃少年儿童出版社有限责任公司

- 👤 联系人：朱满良
- 📱 电　话：0931-8773272
- 📍 地　址：甘肃省兰州市城关区南滨河东路 520 号

甘肃文化出版社有限责任公司

- 👤 联系人：郧军涛
- 📱 电　话：0931-8486980
- 📍 地　址：甘肃省兰州市城关区张掖路街道曹家巷 1 号新闻出版大厦

兰州大学出版社有限责任公司

- 👤 联系人：熊　芳
- 📱 电　话：18189668387
- 📍 地　址：甘肃省兰州市城关区天水南路 222 号（兰大院内）

青海民族出版社

- 联系人：田海强
- 电　话：13897444360
- 地　址：青海省西宁市同仁路 10 号

青海人民出版社有限责任公司

- 联系人：张蓓蓓
- 电　话：18697100158
- 地　址：青海省西宁市城西区五四西路 71 号 19 号楼 10-12 层

宁夏回族自治区

黄河出版传媒集团有限公司

👤 联系人：李君杰

📱 电　话：18695162388

📍 地　址：宁夏回族自治区银川市北京东路 139 号

宁夏人民出版社

👤 联系人：康景堂

📱 电　话：13519576405

📍 地　址：宁夏回族自治区银川北京东路 139 号

宁夏人民教育出版社

👤 联系人：李亚慧

📱 电　话：18309699193

📍 地　址：宁夏回族自治区北京东路 139 号

宁夏阳光出版社

👤 联系人：王　瑞

📱 电　话：13995275434

📍 地　址：宁夏回族自治区银川市兴庆区北京东路 139 号

新疆维吾尔自治区

喀什维吾尔文出版社

- 联系人：艾尔肯·艾麦提
- 电　话：0998-2653930
- 地　址：新疆维吾尔自治区喀什地区喀什市塔吾古孜路 14 号

克孜勒苏柯尔克孜文出版社

- 联系人：托合托孙
- 电　话：0908-4220138
- 地　址：新疆维吾尔自治区阿图什市帕米尔路西 28 院

乌鲁木齐时代书语文化传媒有限公司

- 联系人：武　琼
- 电　话：18999209099
- 地　址：新疆维吾尔自治区乌鲁木齐市天山区新民路 127 号

新疆大学出版社

- 联系人：王国鸿
- 电　话：0991-8582200
- 地　址：新疆维吾尔自治区乌鲁木齐市天山区胜利路 666 号

新疆电子音像出版社

- 联系人：祝国华
- 电　话：0991-4550315
- 地　址：新疆维吾尔自治区乌鲁木齐市西虹路 118 号

新疆教育出版社

- 联系人：方金良
- 电　话：0991-5570806
- 地　址：新疆维吾尔自治区乌鲁木齐市天山区胜利路 187 号

新疆科学技术出版社

👤 联系人：杨卫东

📱 电　话：0991-2870049

📍 地　址：新疆维吾尔自治区乌鲁木齐市天山区延安路 255 号

新疆美术摄影出版社

👤 联系人：哈晓奇

📱 电　话：0991-4523640

📍 地　址：新疆维吾尔自治区乌鲁木齐市沙依巴克区西北路 1085 号

新疆青少年出版社

👤 联系人：王建江

📱 电　话：0991-7833921

📍 地　址：新疆维吾尔自治区乌鲁木齐市新市区北京北路 29 号信达花园

新疆人民出版社

👤 联系人：唐　辉

📱 电　话：0991-3652363

📍 地　址：新疆维吾尔自治区乌鲁木齐市天山区解放南路 348 号

新疆人民卫生出版社

👤 联系人：艾尔肯

📱 电　话：0991-2827535

📍 地　址：新疆维吾尔自治区乌鲁木齐市龙泉街 196 号

新疆生产建设兵团出版社有限责任公司

👤 联系人：陈　雷

📱 电　话：13394963803

📍 地　址：新疆维吾尔自治区五家渠市兵团党委党校院内

新疆音像出版社

👤 联系人：李　柱

📱 电　话：0991-2560502

📍 地　址：新疆维吾尔自治区乌鲁木齐市乌市团结路 84 号

伊犁人民出版社

👤 联系人：郑　磊

📱 电　话：0992-3230492

📍 地　址：新疆维吾尔自治区奎屯市北京西路 28 号